Christian Lüdke / Karin Clemens

Kein Trauma muss für immer sein

Ermöglicht wurde dieses Buch durch:

R+V VERSICHERUNG
Wir öffnen Horizonte

HUMANPROTECT
Consulting GmbH

Christian Lüdke / Karin Clemens

Kein Trauma muss für immer sein

Überfälle, Unfälle, Schicksalsschläge und das tägliche Unglück

Hilfreiche Informationen zum
Verständnis und zur Bewältigung von
Krisen, extrem belastenden Erfahrungen
und außergewöhnlichen Lebensereignissen

mit einem Geleitwort von
Andreas Maercker

E H P
- 2003 -

Inhaltsverzeichnis

»Das Gleiche bringt uns zur Ruhe.
Der Widerspruch ist es,
der uns produktiv macht.«
Johann Wolfgang von Goethe

Geleitwort

Vielleicht haben Sie oder ein Angehöriger von Ihnen vor einiger Zeit ein traumatisches Ereignis erlebt, und jetzt haben Sie dieses Buch vor sich. Aber viele von Ihnen werden sich gar nicht richtig auf die Lektüre eines Buches konzentrieren können. Es ist eine sehr häufige Erfahrung, dass nach einem Trauma die Konzentrationsfähigkeit nachlässt – man »liest und liest«, aber man kommt nicht weiter im Text, weil die Gedanken abschweifen. Wenn das bei Ihnen so sein sollte, dann lesen Sie das Buch eben nur in kleinen Abschnitten und Ausschnitten.

Die Autoren des Buches haben viele erklärende und heilsame Hinweise und Ideen zusammengetragen, von denen manche ganz speziell auf Sie zutreffen könnten. Lassen Sie sich nicht davon irritieren, wenn nicht alles für Sie und auf das passt, was Sie durchgestanden haben und durchstehen. Manche von Ihnen werden über längere Abschnitte hinweg vielleicht denken: »Nein, so ist es bei mir nicht« oder »So trifft es nicht für mich zu«. Sehr wahrscheinlich wird es aber andere Abschnitte im Text geben, die Ihnen persönlich wichtige Hinweise geben können.

Das Buch bringt eine Vielzahl von Zitaten, Gedichten und Sinnsprüchen aus verschiedenen Kulturen der Welt. Damit soll nicht nur Ihre durch das Trauma oft verwirrte Gedankenwelt sondern auch die veränderte Gefühlswelt angesprochen werden. Gefühle und Gedanken brauchen fast immer viel Zeit, um wieder an Erfahrungen vor dem Trauma anknüpfen zu können. Die im Buch beschriebenen Übungen für Ihre Gefühls- und Gedankenwelt sind ein Angebot an Sie, das Sie nutzen können – um »wieder zu Kräften zu kommen«.

»Nichts wird mehr so, wie es einmal war« – dieser Satz kann stimmen, aber sicherlich stimmt er auch dann nur teilweise. Das vorliegende Buch kann ein Begleiter sein, um selbst herauszubekommen, wie weit Sie anders geworden sind und doch der oder die Gleiche geblieben sind. Herr Lüdke und Frau Clemens werden Ihnen dankbar sein, wenn Sie Ihre ganz persönliche Erfahrung mit diesem Buch in einem Brief an die beiden Autoren mitteilen.

Prof. Dr. Dr. Andreas Maercker, Universität Zürich
Sommer 2003

Danke schön!

Dieses Buch verdankt seine Entstehung sehr vielen Menschen:

Danken möchten wir Andreas Kohlhage vom Verlag EHP für seine aktive und kreative Zusammenarbeit.

Speziellen Dank schulden wir unseren Mitarbeiterinnen und Mitarbeitern der HumanProtect Consulting GmbH, die durch ihre täglichen, zuverlässigen und tatkräftigen Einsätze und Rückmeldungen entscheidenden Anteil am Erfahrungshintergrund dieses Buches haben.

Unser ganz besonderer Dank gehört der R+V Versicherung AG, stellvertretend den Herren Rainer Sauerwein, Stephan Schulze Schwienhorst, Hans-Dieter Schnorrenberg und Wolfgang Pachali. Ohne sie gäbe es dieses Buch nicht.

Der Rund-um-die-Uhr-Notrufzentrale der Rhein-Main-Assistance GmbH danken wir für ihre ständige Erreichbarkeit und schnelle Vermittlung.

Für die immer freundliche und professionelle Büroorganisation danken wir Claudia Rosso und den Mitarbeiterinnen des Regus Business Center in Köln.

Für die fachliche Zusammenarbeit im Bereich der stationären Psychotraumatologie danken wir ganz herzlich der Fachklinik für Mutter, Vater und Kind (WKA-Klinik) in Diez und Dr. med. Friedrich Haux sowie Sabine Lachnitt.

Dr. med. Elisabeth Röttger, Dr. med. Dieter Ebbinghaus, Fachärzte für Innere Medizin und Sportmedizin, und Dr. med. dent. Roland Schmidt und Herrn Dr. med. Hans-Werner Owzarski, Facharzt für Dermatologie sowie ihren Mitarbeiterinnen und Mitarbeitern sei herzlich gedankt für ihre langjährige ärztliche Begleitung, für vertrauensvolle Gespräche und wertvolle medizinische Hilfe.

Der Kötter Unternehmensgruppe und Herrn Friedrich P. Kötter danken wir für eine erfolgreiche Zusammenarbeit in der Gewaltprävention und innovatives Engagement im Bereich der Sicherheitsdienstleistungen.

Danke, lieber Helmut A. Metzen und lieber Wilhelm Ritter für viel Spaß hinter der Kamera und vor dem Bildschirm. Es war Fernsehen auf den ersten Blick.

Danke, lieber Volker Tackmann für hervorragende Bilder und Worte am Sonntag.

Ganz besonders herzlich möchten wir unseren Eltern, Familien und Freunden für ihre Liebe und ihr Vertrauen danken. Ihr seid die Tankstellen in unserem Leben.

Dankbarkeit ist das Gedächtnis des Herzens!

In ganz besonderem Maße verdankt das Buch seine Entstehung den vielen Menschen, die uns durch Gewalt-, Kriminalitäts- und Unfallhandlungen und andere belastende Ereignisse ganz nah an ihre seelischen Wunden ließen und uns dadurch gelehrt haben, was Heilung heißt.
Allen Betroffenen gilt unser ganz persönlicher Dank.

Aus tiefstem Herzen danken wir unseren Kindern Liliana und Zoe, Rune und Madita: Was für ein wundervolles Glück, dass es euch gibt! Vielen Dank, dass ihr eure Liebe und Lebensfreude so selbstverständlich mit uns teilt und uns jeden Tag aufs Neue und mit großem Vergnügen immer wieder zeigt, wie erwachsen wir doch manchmal sind.

Wenn Neuerungen überhand nehmen, sollte man kritisch sein. Im ›Kölschen Grundgesetz‹ klingt das so: »Kenne mer nit, bruche mer nit, fott domet.« Aber wenn wir etwas wirklich brauchen in dieser Welt, dann seid ihr es, Kerstin und Martin, ihr seid unsere Glücksformel! DANKE!

Christian Lüdke und Karin Clemens
Köln, im Sommer 2003

Die drei Vorbemerkungen zu diesem Buch

1. Machen Sie aus diesem Buch Ihr ganz persönliches Buch!

Die heilsamen und hilfreichen Hinweise in diesem Buch treffen vielleicht nicht auf jeden zu. Wenn Ihnen etwas nicht gefällt, Sie den Eindruck haben, dass manche Informationen für Sie nicht zutreffend sind oder Sie bestimmte Hinweise und Ideen für unpassend halten, dann schneiden Sie die Seiten doch einfach raus und machen Sie Ihren ganz persönlichen Begleiter aus diesem Buch.

Die kleine Schere auf jeder Seite soll Sie daran erinnern, dass Sie selbst entscheiden, was Ihnen nützlich und brauchbar erscheint und was nicht (»... bruche mer nit, fott domet ...«)!

2. Die heilende Kraft von Sprüchen, Geschichten, Märchen und Bildern

In diesem Buch finden Sie eine Vielzahl von Zitaten, Gedichten, Bildern und Sinnsprüchen aus verschiedenen Kulturen der Welt. In der Auseinandersetzung damit sehen wir einen Weg, Ihrer Fantasie und Intuition (Ihrem Erfahrungswissen) in der Selbstheilung von Krisen, Konflikten und Traumata mehr Raum zu geben.

Dabei geht es uns nicht darum, nur allgemein etwas über die Aktualität der Geschichten herauszufinden, sondern vor allem interessiert uns, in welchen Krisen- und Konfliktsituationen und bei welchen belastenden Lebensereignissen Sie zur Lösung von Problemen beitragen können.

Wie Nossrat Peseschkian schon bemerkte, enthält die »Volkspsychotherapie« eine unermessliche Anzahl verschiedener »Psychotherapiesysteme«. Dazu gehören Geschichten, Fabeln, Spruchweisheiten, intuitive Gedanken, literarisch oder künstlerisch verarbeitete Modelle des Konfliktlösungsverhaltens. Sprüche und Weisheiten fungieren als Lebenshilfe, auch als Motto, das mancher Konfliktverarbeitung voransteht. Die in einer Gesellschaft als richtig anerkannten Normen und Werte werden gleichfalls in

Spruchweisheiten gekleidet; sie erscheinen in Fabeln oder werden mit Hilfe abschreckender Beispiele um so dringlicher nahe gelegt oder in ein weniger strenges Licht gerückt.

Diese Ausdrucksformen der »Volkspsychotherapie« greifen auf eine Tradition zurück, in der die Psychotherapie noch nicht eine anerkannte Institution, sondern allgemeine Lebenshilfe war. Weisheiten und Geschichten heilen, sie spenden Trost, helfen unentdeckte Potenziale zu finden und bieten Lösungen, schützen, fördern die Fantasie, öffnen neue Perspektiven, bieten Alternativen, vermitteln zwischen den Kulturen und bleiben in Erinnerung.

Es ist grundsätzlich wichtig, Kindern Märchen vorzulesen. Viele Märchenbilder und -symbole entsprechen der unbewussten inneren Lebenswelt der Kinder. »Kinder brauchen Märchen«. Die Märchen vermitteln Hilfe, Anregung, Trost und Mut in einer Art und Weise, die das Kind sofort versteht. Märchen regen die Fantasie an und helfen dem Kind, seine Verstandeskräfte zu entwickeln und seine Gefühle zu klären. Märchen gehen auf kindliche Ängste ein, bringen geheime Sehnsüchte zum Ausdruck, greifen seine Probleme und Schwierigkeiten auf und bieten zugleich Lösungen für seine Probleme an. Kurz: Märchen beziehen sich auf alle kindlichen Persönlichkeitsaspekte, ohne die kindlichen Nöte zu verniedlichen oder zu entwerten. Märchen stärken das Vertrauen der Kinder in sich selbst und in ihre Zukunft. Kinder leben stärker in der Gegenwart als Erwachsene und Kinder können noch in die Zukunft schauen!

Kinder und Erwachsene, die Krisen- und Konfliktsituationen durchlebt oder belastende Lebenserfahrungen gemacht haben, sind von ihrem inneren oder äußeren Lebensweg abgeraten. Sie suchen wieder einen Sinn in diesem neuen, veränderten Weg.

Wenn sie wollen, können Ihnen die Geschichten und Sinnsprüche ein Wegweiser oder Orientierungspunkt sein, um Ihren eigenen Weg wieder zu finden und weiter zu gehen.

3. Trauma-Erfolgstagebuch, Löschblätter und Gedankentropfen

Wundern Sie sich bitte nicht, aber wir haben hinten noch ein zweites Buch beigelegt. Es enthält das »Trauma-Erfolgstagebuch« und die »Lösch-

Achtung! Bitte beachten Sie den folgenden Hinweis:

Die Tipps und Anregungen in dieser Broschüre sind keine Beratung und unverbindlich. Sie haben lediglich informativen Charakter. Die gut gemeinten Vorschläge ersetzen auch nicht die Hilfe und Unterstützung durch vertraute Menschen und die hilfreichen Gespräche mit Freunden oder der Familie. Diese Broschüre soll als Gesprächsgrundlage und Empfehlung den Menschen dienen, die sich selbst oder andere Menschen nach belastenden (Lebens-)Ereignissen besser verstehen oder sie in ihrem natürlichen Selbstheilungsprozess unterstützen wollen.

Bei körperlichen Beschwerden oder länger andauernden Symptomen, egal welcher Art, sollten Sie in jedem Fall immer einen Arzt oder fachlich anerkannten (approbierten) Psychotherapeuten aufsuchen.

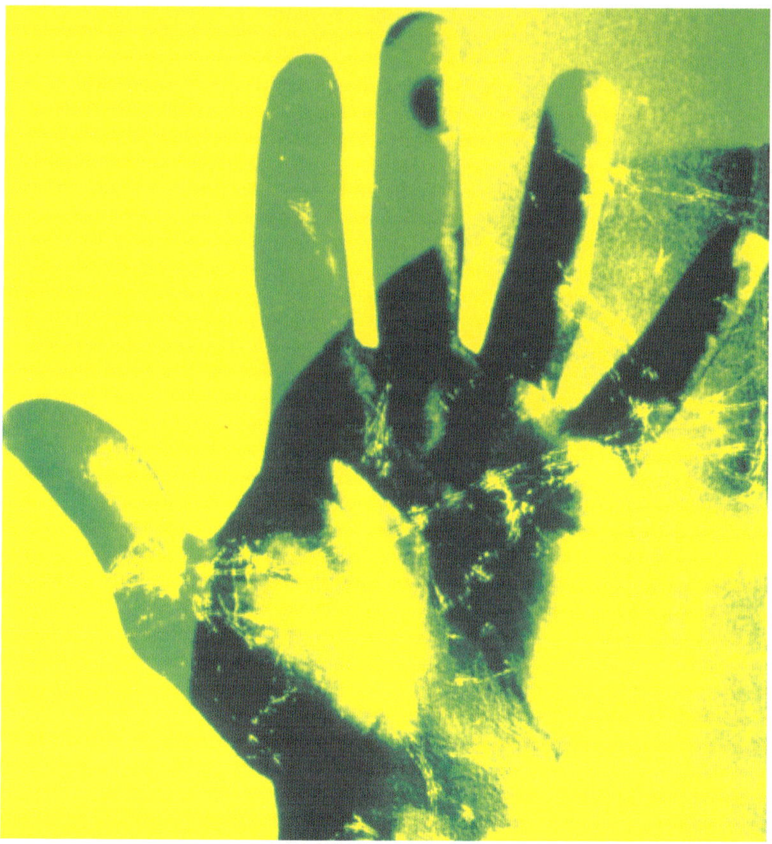

blätter«, deren Gebrauch Ihnen im Trauma-Erfolgstagebuch genau beschrieben wird.

Hier nur so viel: Wir möchten Sie einladen, sich einmal pro Woche ein paar Minuten Zeit zu nehmen, um Ihre »Gedankentropfen« auf diese Löschblätter fallen zu lassen. Wie immer diese auch aussehen mögen.

Auf den Löschblättern können Ihre Gedankentropfen aufgefangen werden, sich ausbreiten und Muster bilden. Diese Übung kennen viele vielleicht noch vom alten Tintenspiel, mit dem wir uns alle früher einmal weggeträumt haben aus dem Unterricht.

Dieses Buch haben wir für Sie geschrieben, um Sie an Ihre eigenen Ressourcen und Stärken zu erinnern, für einen heilsamen Umgang mit sich selbst. Üben Sie Ihre Achtsamkeit im Alltag, in jedem Augenblick!

Sie haben eine Verabredung mit dem Leben. Verpassen Sie diese nicht!

Es ist wirklich ein Wunder, am Leben zu sein!

Tot oder lebendig?

Es war einmal vor langer Zeit, da lebte in einem kleinen Dorf eine junge Frau, die auf jede Frage, die man ihr stellte, immer eine passende Antwort wusste. Und nicht nur das. Die Antworten waren nicht nur immer wahr, sondern sie waren für die Fragenden auch immer sehr hilfreich. Über diese ganz außergewöhnliche Begabung wurde die Frau sehr bekannt und beliebt. Von überall her kamen die Menschen, um ihr Fragen zu stellen, was sie tun sollen, damit es ihnen besser gehe. Und immer wieder wusste sie eine hilfreiche Antwort. Irgendwann begann die Frau übers Land zu ziehen und in jeder Stadt kamen die Menschen, um ihre Fragen zu stellen. Und immer was es das Gleiche. Die Frau wusste wirklich auf jede Frage, die man ihr stellte, eine Antwort, die dann auch sehr hilfreich war. Darüber wurde die Frau immer berühmter und beliebter bei den Menschen. Und wie es so ist, wenn man erfolgreich ist, gibt es auch immer sehr schnell einen Menschen, der einem den Erfolg nicht gönnt. So auch in dem Fall der jungen Frau. Irgendwo in einem kleinen Dorf gab es einen jungen Mann, der sich dachte, es könne doch einfach nicht wahr sein, dass diese Frau wirklich auf jede Frage, die man ihr stellte, eine passende und hilfreiche Antwort wusste. Er überlegte sich, wie er ihr nur ein einziges Mal nachweisen könne, dass sie keine Antwort wüsste oder die Unwahrheit sagen würde. Indem er ihr das nachweisen wolle, dass sie auch mal Unrecht hätte, glaubte er dann selbst berühmt zu werden. Also überlegte er sich einen Plan. Er dachte sich aus, dass die Frau irgendwann auch mal in sein Dorf kommen würde und dann würde auch er zu ihr gehen, sich in die Reihe stellen und einen kleinen Vogel in seine Tasche stecken. Wenn es dann an seine Reihe käme, würde er diesen kleinen Vogel zwischen sein Hände nehmen, so dass die Frau ihn nicht sehen könne und sie fragen: »Sagen Sie mal, ist das, was ich in meinen Händen halte, tot oder lebendig?« Würde sie »lebendig« sagen, wollte er kurz und kräftig die Hände zusammendrücken, der Frau dann den kleinen toten Vogel in seinen Händen präsentieren und ihr dadurch die Unwahrheit ihrer Antwort beweisen. Würde sie »tot« sagen, wolle er im gleichen Augenblick die Hände öffnen, so dass der kleine Vogel davonfliegen könne und die Frau auch in diesem Fall Unrecht gehabt hätte. Das war sein Plan. Und er wartete. Und eines Tages kam es so, wie er es sich ausgedacht hatte. Die Frau kam in sein Dorf, und wieder kamen die Menschen zu Hunderten und baten die Frau um Rat. Und auch diesmal war es so, dass sie auf alle Fragen eine passende und hilfreiche Antwort wusste. Und der junge Mann stellte sich so, wie es sein Plan vorsah, in die Reihe, den kleinen Vogel in seiner Tasche. Und als er an die Reihe kam, machte er es so, wie er es geplant hatte: Er nahm den kleinen Vogel verdeckt in seine Hände, streckte sie der Frau entgegen und fragte sie: »Sagen Sie, gute Frau, ist das, was ich in meinen Händen halte, tot oder lebendig?« Und die Frau sah ihm in die Augen und antwortete: »Die Antwort liegt ganz allein in Ihren Händen!«
Amerikanisches Märchen

Einführung: Der Tiger in uns – Die Kraft der Selbstheilung

- Jeden Tag ereignen sich unzählige Gewalt- und Kriminalitätshandlungen.
- Jeden Tag geschehen reihenweise schwere Unfälle.
- Jeden Tag erleben Menschen persönliche Schicksalsschläge.
- Jeder Mensch kennt das tägliche Unglück und leidvolle Erfahrungen.

Das Wichtigste zuerst:
Jeder Mensch ist von Natur aus in der Lage, extrem belastende und außergewöhnliche Ereignisse und Traumata (seelische Verletzungen) grundsätzlich zu überstehen und zu verarbeiten

So schwer die Verletzungen an Leib und Seele auch sind:
Es muss nicht ein Trauma für immer sein!

In jedem Unglück gibt es immer auch ein kleines Wunder, und in jeder auch noch so schmerzvollen Erfahrung haben wir die Möglichkeit, persönlich zu reifen. Katastrophe kommt von einem griechisch/lateinischen Wort, das so viel heißt wie Umkehr, Wendung, Vernichtung, Verderben. Die Welt gerät auf einmal aus den Fugen, ist nicht mehr in Ordnung und unsicher und das persönliche Leben wird auf den Kopf gestellt. Dann können wir die Welt nicht ändern. Aber wir können unsere Blickrichtung ändern. Wir können uns neu orientieren und neue Ziele finden. Dem Ziel folgt der Weg.

Wenn du das hervorbringst, was in dir ist,
wird das, was in dir ist,
deine Rettung sein.
Wenn du das, was in dir ist, nicht hervorbringst,
wird das, was in dir ist,
dich vernichten.
Gnostische Evangelien

Unser Buch richtet sich an Menschen, die mit einer

Lebenserfahrung konfrontiert wurden, die weit außerhalb der sonst üblichen Erfahrungen liegt. Es soll Familien, Angehörigen, Freunden und Bekannten von Betroffenen als Hintergrundinformation und Gesprächs- und Handlungsgrundlage dienen. So können sie ein einfühlsames Verständnis für die Reaktionen, seelischen Ausnahmesituationen und die damit zeitweise verbundenen Verhaltensänderungen der Betroffenen entwickeln.

Unser Buch ist keine Selbsthilfeanleitung für Betroffene nach dem Motto: »Jetzt helfe ich mir selbst.« Sie ersetzt auch nicht eine freundschaftliche oder professionelle Hilfe. Es soll diese lediglich unterstützen oder ggf. erst ermöglichen. Die Inhalte sollen als Orientierungspunkte dienen, um sich selbst und andere in seelischen Ausnahmesituationen besser verstehen zu können. Darauf aufbauend können eigene Stärken und Ressourcen zur Bewältigung der belastenden Lebenssituation neu geweckt und aktiv genutzt werden. In diesem Sinne ist unser Buch als Information und Beratungshilfe zu verstehen.

Mit Leib und Seele

Die gesamte biologische, kulturelle und psychosoziale Lebensentwicklung über viele Jahrhunderte und Jahrtausende liefert dem Menschen einen unermesslichen und grenzenlosen Erfahrungsschatz aus dem heraus er individuelle, grundlegende Handlungsstrategien schöpfen kann, mit denen er bedrohliche Lebenssituationen und Krisen nicht nur überstehen, sondern auch zur Entwicklung von hochintelligenten Selbstrettungsstrategien und Selbstheilungsmechanismen für die eigene Person nutzen kann.

Das Leben war und ist für die Menschen immer und zu jeder Zeit lebensgefährlich, wobei sich die bedrohlichen Situationsfaktoren im Laufe der Zeit wesentlich verändert haben. Dennoch sind dem Menschen seine grundlegenden Überlebenstechniken von Kampf und Flucht geblieben.

Für den Kampf ums Überleben, sowohl des körperlichen wie auch seelischen, ist der Mensch sehr gut ausgestattet. Das Überwinden von Schwierigkeiten ist dem Menschen vertraut. Jeder Mensch entwickelt dadurch im Laufe des Lebens eigene Stärken und Ressourcen zur Bewältigung von schwierigen Lebenssituationen. Diese ganz individuellen Fähigkeiten und Fertigkeiten können in neuen Krisensituationen aktiv genutzt werden.

Oft wird von der grundlegenden Fehlannahme ausgegangen, dass das Erleben eines traumatischen Ereignisses gleichgesetzt wird mit einem Trauma und den sich daran anschließenden negativen und krankhaften Langzeitstörungen, wie körperliche Spätfolgen und Posttraumatische Belastungsstörungen (= PTB oder auch PTBS). Das ist eine falsche Annahme.

Alle Menschen, die ein extrem belastendes Ereignis erleben, zeigen zunächst einmal Symptome. Aber nicht alle, die Symptome zeigen, werden krank oder erleiden schwere seelische Verletzungen. Symptome sind normal, und die meisten Menschen verarbeiten ihr Trauma. Nur eine ganz kleine Zahl der Betroffenen hat ein erhöhtes Risiko, eine schwere seelische Langzeitschädigung zu entwickeln.

Sehr viele gesunde Menschen haben in ihrem Leben traumatische Erlebnisse gehabt: *Demütigungen, Bedrohungen, Kränkungen*, vor allem in den Bereichen Familie, Schule und Partnerschaft. Alle drei genannten Bereiche haben *in erster Linie mit Beziehungen zu anderen Menschen* zu tun und deren Verhaltensweisen und Reaktionsformen.

Trauma hat nicht nur etwas mit schwierigen, bedrohlichen und lebensgefährlichen Situationen zu tun, sondern vor allem auch mit der Beziehung zu Menschen.

Gerade dadurch unterscheiden sich seelische Verletzungen von körperlichen Verletzungen. Seelische Verletzungen haben in erster Linie etwas mit zwischenmenschlichen Erfahrungen und Erlebnissen zu tun. Und dort muss auch zuallererst die Hilfe ansetzen: Seelische Verletzungen werden fast immer durch gestörte Beziehungen zu Menschen ausgelöst, vor allem dann, wenn man dem anderen nicht im wahrsten Sinne des Wortes als Mit-Mensch begegnet, sondern als ein ›menschenähnliches‹ Wesen, als Täter, als Verfolger usw.

Die Seele ist eine »unsichtbare Festplatte«, ein Wissens- und Erfahrungsspeicher und wird gesteuert durch Vergangenheit und Zukunft. Trauma entwürdigt die Menschen, gibt ihre Persönlichkeit schutzlos preis. Einem Betroffenen zu helfen, heißt, ihn, seine Reaktionen und die Ausnahmesituation, in der er sich befindet, zu würdigen, d.h. zu achten und anzuerkennen.

Der Mensch ist von seiner Entwicklung her ein Sexual- und Sozialwesen. Menschen brauchen Menschen und sind nicht dafür gemacht, alleine zu leben und alleine zu sein. Das gilt insbesondere in schwierigen, belastenden und ungewöhnlichen Lebenssituationen. Das menschliche Leben ist gekennzeichnet von einer Vielzahl von Identitäts-, Autoritäts- und Sexualitätskrisen. Diese prägen den Menschen und seine Persönlichkeit, sie bieten ihm Lernerfahrungen und verhelfen ihm zur Entwicklung von grundlegenden Konfliktlösungsstrategien und Lebensleitlinien. Daraus entwickelt sich ein grundlegendes Selbst- und Fremdbild und natürlich auch ein Bild von der Welt. Und die ist zumindest in der Fantasie der meisten Menschen eine sichere Welt.

Anleitung zur Übung »Veränderte Wahrnehmung«

Stellen Sie sich bitte auf einen Stuhl und betrachten Sie Ihr Zimmer: Was hat sich geändert? Dinge bekommen andere Größenverhältnisse oder sehen plötzlich ganz anders aus. Sie sehen aber nicht anders aus, weil sie sich verändert haben, sondern sie erscheinen uns anders.

Entwicklungskrisen sind nicht negativ, auch wenn sie häufig so verstanden werden. **Krise bedeutet psychologisch betrachtet: Wandlung, Entwicklung und Veränderung.** Manche Entwicklungskrisen sind von Natur aus vorgeplant, unumgänglich und völlig natürlich: die Geburt, die Entwicklung der Grundbedürfnisse (Essen, Trinken, Schlafen, Körperlichkeit, Nähe, Zugehörigkeit, Geborgenheit und Sicherheit), Entwicklung von Beziehungen zu anderen Menschen, Entwicklung der eigenen Identität, die Ablösung von den Eltern, das Verlassen des Elternhauses, die eigene Familien- und Lebensplanung (Kinder, Beruf, Sexualität), die Partnerschaft, das Arbeitsleben, die Pensionierung und das Sterben. Dazwischen gibt es unzählige und ganz individuelle Entwicklungen, die nicht immer vorhersehbar, geschweige denn planbar sind. Kommt es bei einem Menschen in einer solchen Entwicklungsphase zu einer akuten Überforderung gewohnter Bewältigungsstrategien, spricht man von Stress. Gelingt es dem Menschen nicht, diesen Stress angemessen zu bewältigen, drohen stärkste Erschöpfung oder Zusammenbruch. Tritt eine solche akute Überforderung nicht langsam, sondern plötzlich wie aus heiterem Himmel ein, kann ein Mensch in seinem seelischen Erleben schwer verletzt werden. In diesem Fall sprechen Fachleute von einem Trauma (griechisch = Wunde) und meinen damit einen mehrwöchigen Prozess, in dem es zu lang anhaltenden seelischen Veränderungen kommen kann, die auch dauerhaft die Seele und den Körper krank machen können, wenn man sie nicht rechtzeitig erkennt oder fachgerecht behandelt.

Wende dein Gesicht zur Sonne,
dann fallen die Schatten hinter dich!

Gutgemeinte Vorschläge und freundschaftliche Empfehlungen: eine Seele von Mensch

Menschen, die durch ein wie auch immer geartetes Ereignis aus dem Gleichgewicht geraten sind, brauchen sehr schnell wieder Stabilität und Sicherheit, um die verlorene Kontrolle und das Vertrauen in sich und andere wieder zu finden. Hierbei spielt die *Anwesenheit von stabilen Persönlichkeiten* eine zentrale Rolle. Diese sind eine Art »Verstärker«, vermitteln eine stellvertretende Hoffnung und Zuversicht, regeln und organisieren Dinge, zu denen die Betroffenen augenblicklich nicht in der Lage sind, und halten stellvertretend die emotionale Belastung der Betroffenen aus, ohne selbst zu erschüttern. Diese helfenden Personen müssen keine Ärzte oder Therapeuten sein; die Familie, Freunde und Vertraute können hier durch ihre ersten Reaktionen richtungsweisend und äußerst hilfreich sein für den weiteren Selbstheilungsprozess.

Nicht weil es schwer ist, wagen wir es nicht,
sondern weil wir es nicht wagen, ist es schwer.
Seneca

Was es ist

Es ist Unsinn,
sagt die Vernunft.
Es ist was es ist,
sagt die Liebe.

Es ist Unglück,
sagt die Berechnung.
Es ist nichts als Schmerz,
sagt die Angst.
Es ist aussichtslos,
sagt die Einsicht.
Es ist was es ist,
sagt die Liebe.

Es ist lächerlich,
sagt der Stolz.
Es ist leichtsinnig,
sagt die Vorsicht.
Es ist unmöglich,
sagt die Erfahrung.
Es ist was es ist,
sagt die Liebe.

Erich Fried

Wie man Geschichten erzählen soll

So, dass sie einem selbst helfen! Mein Großvater war lahm. Einmal bat man ihn, eine Geschichte von seinem Lehrer zu erzählen. Da erzählte er, wie der große Baalschem beim Beten zu hüpfen und zu tanzen pflegte. Mein Großvater stand und erzählte und die Erzählung riss ihn so hin, dass er hüpfend und tanzend zeigen musste, wie der Meister es gemacht hatte. Von der Stunde an war er geheilt. So soll man Geschichten erzählen!
Chassidische Legende

Freunde:
In meinem Leben
bin ich
sehr vielen Menschen
begegnet
und nur wenige
haben einen
bleibenden Eindruck
in meinem Herzen
und
meiner Seele
hinterlassen
es sind
die Menschen
an die ich
oft denke
und
die mir
wichtig
sind
es sind
meine Freunde
und wenn
ich ihnen etwas
sehr Wertvolles
schenken könnte
dann würde
ich ihnen
die Fähigkeit schenken
sich einmal selbst
so zu sehen
wie ich sie sehe
dann würde ihnen
bewußt
was für wunderbare
Freunde
sie sind

Was ist ein Freund? Ein anderes Ich.
Cicero

Man sollte immer das Wichtige vor dem Dringenden tun!
Das Eisenhower Prinzip

Krisen, Selbstheilungskräfte und Entwicklungschancen

Schreck in der Abendstunde

Eine große Liebe endet, ein nahe stehender Mensch stirbt plötzlich, ein tragisches Unglück oder ein Unfall geschieht, ein Arbeitsplatz wird gekündigt, der Partner geht fremd, ein Mensch wird Opfer einer Gewalttat: Ereignisse wie diese entreißen einem Menschen den Boden unter den Füßen. Plötzlich, wie aus heiterem Himmel, ist nichts mehr so, wie es vorher war. Menschen in einer solchen Situation haben kaum Hoffnung und Zuversicht, sie fühlen sich unsicher und orientierungslos. Dafür werden Angst und Verzweiflung größer. Die Zukunft scheint kaum erträglich zu sein. Manche Menschen können eine solche belastende Situation kaum bewältigen. Körper und Seele reagieren sehr stark auf diese Ausnahmesituation. Manchen Menschen fährt der Schrecken so tief in die Knochen, dass sie zeitweise den Lebensmut verlieren. Sie fühlen sich erschöpft und antriebslos.

Doch es gibt auch Menschen, die in schwierigen Situationen enorme Stärken und Energien entwickeln. Sie erleben die Situationen genau so wie alle anderen Menschen, doch sie verzweifeln nicht daran und lassen sich nicht entmutigen – sie sind sogenannte Selbstheiler. Oft verfügen solche Menschen über eine hohe private und berufliche Zufriedenheit. Wie man mit schwierigen Situationen zurechtkommt, lernen Menschen am leichtesten in der Kindheit und Jugend. Das Spielen der Kinder ist nichts anderes als eine Vorbereitung auf das Erwachsensein. In den unterschiedlichsten Spielen lernen Kinder, wie man Konflikte löst und Widerstandskraft entwickelt. Aber auch Erwachsene sind zu jedem Zeitpunkt ihres Lebens in der Lage, ihre Widerstandskraft zu schulen und ihre Ressourcen zu erweitern und zu nutzen.

Man geht nie weiter, als wenn man nicht mehr weiß, wohin man geht.
Johann Wolfgang von Goethe

Für die Erwachsenen ist es wichtig, dass sie sich stabile Persönlichkeiten als Vorbilder und Begleiter suchen. Von diesen lässt sich sehr schnell abschauen, wie man sich in Lebenskrisen verhalten kann. In der Umgebung eines jeden Menschen gibt es einen Menschen, der es schon mal geschafft hat, sich in einer ausweglosen Situation wieder zurechtzufinden.

Angst, Schmerz und Kummer können so groß sein, dass man sie am liebsten leugnen würde. Doch das ist der falsche Weg. Statt in hektische Aktivitäten zu verfallen, gleich wieder zur Tagesordnung überzugehen (sofort wieder rauf aufs Pferd) oder sich mit Medikamenten, Arbeit, und Alkohol zu betäuben, sollten sich Betroffene Ruhe und Zeit nehmen, denn Weglaufen hilft nicht. Es wird der Zeitpunkt kommen, an dem klar ist, was zu tun ist. Und zwar dann, wenn der Betroffene ein gewisses Maß an Ruhe und Abstand zu den Ereignissen erreicht hat. Bis dahin ist es besser, sich einen sicheren Ort der Geborgenheit und des Vertrauens zu suchen und den Gefühlen freien Lauf zu lassen. Wenn es keinen real sicheren Ort gibt, kann man auch mit angenehmen Bildern und Vorstellungen von sicheren Orten eine Entspannung herbeiführen.

Schöne Bilder und Gedanken sind das beste Gegenmittel gegen belastende Bilder und Erinnerungen.

Schicksalsschläge fordern das Selbstmitleid geradezu heraus. Doch statt unentwegt darüber nachzugrübeln, warum es das Schicksal so schlecht gemeint hat, sollte man besser entwicklungs- und zukunftsorientiert fragen: *Was kann ich tun, um die Situation zu meistern?*

Es ist gut, mit anderen Menschen über die Sorgen zu sprechen. Aber nur dann, wenn man es selbst will und nicht, wenn andere einen ständig dazu auffordern. Es sollten nur die Menschen ins Vertrauen gezogen werden, die sich nicht von den eigenen Gefühlen verunsichern lassen, die einfühlend und unterstützend wirken, Mut machen, Zuversicht und Hoffnung geben und die immer wieder an die eigenen Stärken erinnern.

In einer extrem belastenden Lebenssituation hilft es sehr, davon überzeugt zu sein, dass sich die Dinge früher oder später wieder zum Positiven wenden werden. Optimistisch sein – aber nicht blauäugig! Denn die Realität sollte nicht geleugnet, sondern anerkannt werden. Dann aber sollte daran gedacht werden, dass ein schlimmes Erlebnis vorübergeht und es auch wieder bessere Zeiten geben wird.

Schuldgefühle sind in einer belastenden Lebenssituation fast unvermeidlich. Die Dinge, die geschehen sind, sind oft unbegreiflich, man kann es nicht fassen, überhaupt nicht verstehen. Dann fragen Menschen sich oft, ob sie selbst etwas falsch gemacht haben, ob sie früher etwas hätten erkennen oder verhindern können usw. Aber es ist unnötig, sich mit Selbstvorwürfen zu quälen. Je besser es gelingt, die Ursachen nicht nur bei sich, sondern auch bei anderen oder vielmehr noch in den situativen Umständen zu sehen, desto schneller wird es einem besser gehen.

Es hilft, eine belastende Situation nicht nur als Gefahr sondern immer auch als Entwicklungschance und Lebenserfahrung zu sehen, aus der man für sein zukünftiges Leben lernen kann. Belastende Lebensereignisse rütteln einen Menschen wach, machen ihn misstrauischer, vorsichtiger und manchmal auch ängstlicher. Aber letztendlich machen sie einem Menschen bewusst, dass er lebt und wie er lebt. Menschen die es schaffen, sich in einer solchen Situation Ziele zu setzen und sich eine bessere Zukunft vorzustellen, schaffen es auch, mit der leidvollen Gegenwart umzugehen.

Nichts ist selbstverständlich und nichts geschieht zufällig. Alles im Leben hat seinen Sinn. Manchmal erkennt man ihn erst viel später und nicht in der belastenden Situation. Menschen, die mit den Wechselfällen des Lebens rechnen, sich bewusst sind, dass solche Dinge geschehen können und sich gedanklich damit beschäftigen, haben einen guten Schutz vor den Belastungen des Lebens. Es ist sinnvoll, Vorkehrungen zu treffen. Tritt ein Problem oder eine belastende Lebenssituation tatsächlich ein, überrascht sie einen nicht völlig und man kann gefasster darauf reagieren.

Ein belastendes Lebensereignis kann immer auch ein Neuanfang sein.

> Das Wort, das einem hilft,
> kann man sich nicht selber sagen.
> *Japanisches Sprichwort*

Leben ist immer und zu jedem Zeitpunkt »lebensgefährlich«. Belastende Lebensereignisse sind unter anderem dadurch gekennzeichnet, dass sie im Moment des Geschehens nicht bewältigt werden können. Daher findet die Bewältigung (Fachleute nennen sie Verarbeitung) erst hinterher statt. Hierzu ist Stabilität in der eigenen Person sehr wichtig.

Voraussetzung für Stabilität ist Sicherheit. Ohne äußere Sicherheit gibt es keine innere Sicherheit.

Ein Mensch, der sich plötzlich in einer für ihn unsicheren Welt wiederfindet, muss sehr schnell in eine äußerlich sehr sichere Welt zurückgeführt werden. Dort wird er dann sehr schnell Ruhe und auch seine eigene innere Sicherheit wieder finden. Durch sie gelingt es, Grenzen, auch Lebensgrenzen, zu akzeptieren, die Folgen des Ereignisses zu verarbeiten und sich neu zu orientieren. Um sich zu orientieren, muss man wissen, wo man steht und eine Vorstellung darüber haben, wo man hin will. Ziele sind wichtig und die Motivation, d.h. der innere Beweggrund, der es lohnens- und lebenswert macht, diese Ziele zu erreichen. Wichtigste Antriebskraft für die Selbstmotivation ist das positive Denken.

Positives Denken unterstützt die natürlichen Selbstheilungskräfte und -prozesse eines Menschen!

Wenn Du ein Schiff bauen willst,
dann trommle nicht die Männer zusammen,
um Holz zu beschaffen, die Aufgaben zu vergeben
und die Arbeit einzuteilen,
sondern lehre sie die Sehnsucht
nach dem weiten, endlosen Meer.
Antoine de Saint-Exupéry

Selbstheiler verfügen über sehr gute Ressourcen und kommen mit jeder auch noch so schwierigen Lebenssituation über kurz oder lang gut zurecht. Was unterscheidet Selbstheiler von anderen Menschen? Eigentlich gar nichts! Denn jeder Mensch ist im Grunde genommen ein Selbstheiler. Es kommt auf die im Anschluss an das belastende Ereignis ablaufenden Reaktionen und weiteren Ereignisse an: Wie reagieren Außenstehende? Wie reagiert der Partner, wie Freunde und wie der Chef? Welche Erfahrungen macht ein Betroffener unmittelbar mit sogenannten Funktionsträgern wie der Polizei, Ärzten und anderen Helfern? Wird mir Sympathie entgegengebracht und Verständnis, so kann sich das Vertrauen in die Menschheit sehr schnell wieder einstellen. Folgt als Reaktion jedoch Misstrauen, Vorwürfe, Zweifel und Unverständnis, so kann das zu einer Entwertung und Missachtung des Betroffenen werden. Sie sind dann oft einfach überfordert, neben der Bewältigung der Belastung auch noch den Erwartungen anderer gerecht zu werden. Ihre Situation verschlimmert sich dramatisch.

»Ich dachte, ich wäre im falschen Film ...«

Diesen Satz hat wohl schon jeder von uns schon mal gedacht oder sogar schon gesagt. Was steckt aber dahinter?

Der Mensch ist geschockt, überwältigt von dem Ereignis und gerät aus dem Gleichgewicht in eine Labilität, also eine Krise. Erst nach einer gewissen Zeit entscheidet sich, ob der Mensch sein Gleichgewicht wiederfindet oder lange Zeit unter den Folgen des Schreckenserlebnisses leidet. Oftmals haben die beschriebenen Erfahrungen mit Gewalterlebnissen zu tun, aber auch mit anderen Ereignissen, wie z.B. Hilflosigkeit, Bedrohung, Kontrollverluste, grundlegender Verlust von Sicherheit.

Trauma ist eine Destabilisierung der Gegenwart

Menschen, die so etwas erlebt haben, müssen sich nicht schämen für das, was passiert ist, und vor allem braucht es ihnen nicht peinlich zu sein, dass sie Opfer geworden sind.

»Schreck lass' nach«

Das Gute bei uns Menschen ist, dass wir auch mit den schwierigsten Lebenssituationen irgendwie zurechtkommen. Sonst wären wir gar nicht so weit, wie wir heute sind oder, in den Worten der Sängerin Milva: »Hurra, wir leben noch!« Demütigungen, Kränkungen, Verletzungen in Partnerschaft, Schule oder Familie haben alle Menschen erlebt. Die Dinge, die Menschen in einer Extremsituation erfahren, sind uns anderen, nicht Beteiligten aber nicht fremd: Wie haben wir damals reagiert, als uns unsere erste große Liebe verlassen hat? Was haben wir über unseren ersten Wohnungswechsel gedacht? Wie haben wir uns gefühlt, als uns der Chef ungerecht behandelt hat?

Belastende Lebenssituationen sind auch Entwicklungschancen

Wir haben Auswege aus diesen für uns so belastenden Lebenssituationen gefunden. Und das Beste daran: Wir haben sie fast immer alleine gefunden. Zumindest in unserer Fantasie; denn manchmal gab es Menschen, die uns dabei geholfen haben, das, was wir ohnehin schon überlegt hatten, umzusetzen. Diese Menschen waren sehr wichtig in einem kurzen Augenblick unseres Lebens, als wir wie benebelt waren und die Welt komplett aus den Fugen geraten war. Diese Menschen, die uns früher geholfen haben, haben einfach nur an uns geglaubt, sie haben uns Hoffnung gemacht und eine Weile begleitet. Bewältigt haben wir die Dinge von ganz alleine. Und mal ganz ehrlich? Wie denken Sie heute über Ihre erste große Liebe?

Sie haben es geschafft! Psychologen nennen das Selbstheilung.

Was heißt Selbstheilung?

›Heil‹ bedeutet vom Wortursprung her: »gesund, unversehrt; gerettet«, im engl. ›whole‹ »ganz, völlig, vollständig, gesund«. Ich bin ›heilfroh‹ heißt: Ich bin ganz und gar froh. ›Heil‹ bedeutet aber auch »Glück, Rettung und Beistand«. Im griechischen heißt ›heilen‹ »therapein« und findet sich im deutschen Wort ›Therapie‹ wieder. Das Wort ›heil(e)‹ ist mit dem griechischen ›holos‹ verwandt, das »vollständig, unversehrt« und »Ganzheit« bedeutet. ›Holos‹ finden wir z.B. in dem Wort »Holografie« (vollständiges, dreidimensionales Speicherbild) wieder, aber auch in »Holocaust« (vollständige Massenvernichtung). In der Märchenpsychologie begegnet uns das Wort ›holos‹ bei der »Mutter der Ganzheit«: Frau Holle. Vielleicht lesen Sie das Märchen von Frau Holle jetzt einmal unter diesem neuen Aspekt.

Und wenn ein Kind fragt: »Kannst du das heile machen?« dann ist das Spielzeug wieder ganz in dem Moment, wo das abgebrochene Teil wieder befestigt ist. Heile!

Zusammengefasst können wir sagen, dass mit Selbstheilung der Prozess beschrieben werden soll, in dem ein Mensch wieder ›selbstständig vollständig‹ wird.

Seelische Verletzungen und seelische Selbstheilung sind ähnlich einer körperlichen Verletzung und der körperlichen Selbstheilung:

Bei einer Schnittwunde z.B. blutet zuerst die Wunde. Irgendwann hört die Blutung auf und die Wunde verschließt sich. Jetzt ist die Wunde noch sehr empfindlich und kann sich beim kleinsten Druck wieder öffnen. Noch schmerzt die Wunde.

Wenn Keime in die Wunde geraten sind, kann sie sich entzünden und muss entsprechend ärztlich versorgt werden.

Mit etwas Zeit heilt die Wunde immer weiter. Sie schmerzt immer weniger und wird zunehmend belastbarer. Manchmal juckt die Wunde.

Irgendwann ist die Wunde ausgeheilt. Es kann vielleicht eine Narbe zurückbleiben, die an die Verwundung erinnert. Aber die Narbe tut nicht weh.

Der Satz: »Die Zeit heilt alle Wunden« kann stimmen – vielleicht auch nur teilweise.

Traumata sind zwar sehr schwere seelische Verletzungen, die einen ganz besonderen Verlauf haben und ganz besondere Hilfe erfordern, aber am Ende sind es doch Wunden, die auch heilen können.

Das weiße Pferd

Es gab einmal in einem Dorf einen alten Mann, der sehr arm war, aber trotzdem von Königen beneidet wurde, denn er besaß ein schönes weißes Pferd. Ein Pferd von solcher Qualität war noch nie gesehen worden – solche Schönheit, solcher Stolz, solche Stärke! Könige bewarben sich um das Pferd und boten fabelhafte Preise. Der arme Mann hatte allen Grund, der Versuchung zu erliegen, aber er verkaufte das Pferd nie.

Eines Morgens entdeckte er plötzlich, dass das Pferd nicht mehr im Stall war. Das ganze Dorf versammelte sich und alle sagten: »Das hast du davon, alter Narr! Wir haben es vorher gewusst, eines Tages musste das Pferd ja gestohlen werden! Und wie kannst du bei deiner Armut einen solchen Schatz richtig behüten? Du hättest astronomische Summen dafür verlangen können, jeden Phantasiepreis. Jetzt ist das Pferd weg. Jetzt siehst du, was für ein Fluch, was für ein Unglück es für dich war.«

Der alte Mann sagte: »Ihr müsst nicht übertreiben! Sagen wir einfach: das Pferd ist nicht im Stall. Das ist die einzige Tatsache; alles andere ist Interpretation. Ob es nun ein Unglück ist oder nicht, wie wollt ihr das beurteilen?« Die Leute sagten: »Uns kannst du nichts vormachen; wir mögen zwar keine großen Philosophen sein, aber hier braucht man auch keine Philosophie. Es ist eine klare Tatsache, dass ein Schatz verloren gegangen ist, und das ist ein Unglück.« Der alte Mann erwiderte: »Ich bleibe dabei: Die einzige Tatsache ist, dass der Stall leer und das Pferd fort ist. Darüber hinaus weiß ich nichts, ob Unglück oder Segen – denn so ein Urteil ist begrenzt und niemand weiß, was noch kommt.« Der Mann wurde ausgelacht.

Die Leute hielten den Mann für verrückt. Sie hatten es schon immer gewusst, dass er nicht ganz richtig im Kopf war; sonst hätte er ja sein Pferd verkauft und in Saus und Braus gelebt ... Stattdessen fristete er sein Leben als Holzfäller. Obwohl er sehr alt war, fällte er immer noch Bäume, brachte das Holz aus dem Wald und verkaufte es.

Er lebte von der Hand in den Mund, besaß nur das Nötigste und nie wirklich genug. Aber jetzt war ihnen endgültig klar, dass er verrückt war.

Nach vierzehn Tagen kam eines Nachts plötzlich das Pferd zurück und brachte auch noch zwölf andere Wildpferde mit. Und wieder kamen die Leute zusammen und sagten: »Alter, du hast Recht gehabt; wir haben uns geirrt. Es war kein Unglück, sondern ein Segen. Es tut uns leid, dass wir dir Vorwürfe gemacht haben.«

Und der alte Mann sagte: »Ihr geht schon wieder zu weit. Könnt ihr nicht einfach sagen, dass das Pferd zurück ist und dass es zwölf andere Pferde mitgebracht hat? Warum urteilt ihr? Wer will denn wissen, ob es ein Segen ist oder nicht? Es ist nur ein Bruchstück, und wenn man den ganzen Zusammenhang nicht kennt, wie kann man dann urteilen? Wie könnt ihr über ein Buch urteilen, wenn ihr nur eine Seite gelesen habt? Wie könnt ihr über den Satz urteilen wenn ihr nur ein Wort davon gelesen habt? Und was ihr in der Hand haltet, ist weniger als ein Wort – das Leben ist so unendlich. Ihr habt nur das Bruchstück eines Wortes in der Hand und habt über die ganze Welt geurteilt. Sagt also nicht, dass dies ein Segen ist, denn wer weiß ... Und ich bin völlig damit zufrieden, dass ich es nicht weiß. Lasst mich also bitte in Ruhe.«

Diesmal hielten die Leute den Mund. Im Stillen wussten sie natürlich, dass er sich irrte. Zwölf herrliche Pferde waren mit dem einen Pferd zurückgekommen. Wenn sie ein bisschen eingeritten wurden, konnten sie bald alle verkauft werden und massenhaft Geld einbringen.

Der alte Mann hatte einen Sohn – es war sein einziger. Dieser Sohn begann nun, die Wildpferde zu zähmen; eine Woche später stürzte er von einem Pferd und brach sich beide Beine. Wieder kamen die Leute zusammen. Und die Leute sind überall ›die Leute‹; überall sind sie wie ihr. Und wieder urteilten sie sofort. »Du hattest Recht. Was du geahnt hast, hat sich wieder einmal bestätigt. Es war kein Segen, es war doch ein Unglück. Dein einziger Sohn hat seine beiden Beine verloren! Wer soll jetzt die Stütze deiner alten Tage sein? Jetzt bist du ärmer denn je.« Der alte Mann sagte: Könnt ihr denn nicht einmal aufhören mit eurem Urteil? Ihr geht schon wieder zu weit ... sagt einfach, dass mein Sohn beide Beine gebrochen hat. Keiner weiß, ob das nun ein Unglück oder Glück ist. Keiner. Es ist wieder nur ein Bruchstück, und wir bekommen nie mehr als Bruchstücke zu sehen. Das Leben zeigt sich uns nur in Fragmenten, aber unsere Urteile fällen wir immer über das Ganze.«

Ein paar Wochen später geschah es, dass ein Krieg mit dem Nachbarland ausbrach, und alle jungen Männer wurden zur Armee eingezogen. Nur der Sohn des alten Mannes blieb zurück, weil er ein Krüppel war. Das ganze Dorf weinte und klagte, und sie kamen zu dem alten Mann und sagten: »Wie Recht du hattest, Alter! Weiß Gott, wie Recht du hattest – es war ein Segen: dein Sohn mag zwar ein Krüppel sein, aber wenigstens bleibt er bei dir. Unsere Söhne werden wir nie wiedersehen.«

Der alte Mann wehrte ab: »Es ist einfach unmöglich mit euch Leuten zu reden. Ihr könnt es einfach nicht sein lassen – ewig diese Urteile. Niemand weiß etwas! Sagt doch nur, dass eure Söhne in die Armee geholt worden sind, und mein Sohn nicht. Aber ob das nun ein Segen ist, oder ein Unglück, dass weiß niemand. Kein Mensch wird das je wissen. Nur Gott weiß es.«

(Quelle: unbekannt)

Das Rübchen

Großvater hat ein Rübchen gesteckt und spricht zu ihm: »Wachse, mein Rübchen, wachse, werde süß! Wachse, Rübchen, wachse, werde fest!« Das Rübchen ist herangewachsen: süß, fest und groß – riesengroß. Großvater geht, das Rübchen ausziehen: er zieht und zieht – kann's nicht herausziehen.

Da ruft der Großvater die Großmutter.
Die Großmutter fasst den Großvater,
der Großvater das Rübchen –
Sie ziehen und ziehen – und können's nicht herausziehen.
Da ruft die Großmutter das Enkelein.
Das Enkelein fasst die Großmutter,
Die Großmutter den Großvater,
Der Großvater das Rübchen –
Sie ziehen und ziehen – und können's nicht herausziehen.
Da ruft das Enkelein das Hündlein.
Das Hündlein fass das Enkelein,
Das Enkelein die Großmutter,
Die Großmutter den Großvater,
Der Großvater das Rübchen –
Sie ziehen und ziehen – und können's nicht herausziehen.
Da ruft das Hündelein das Kätzchen.
Das Kätzchen fasst das Hündelein,
Das Hündlein das Enkelein,
Das Enkelein die Großmutter,
Die Großmutter den Großvater,
Der Großvater das Rübchen –
Sie ziehen und ziehen – und können's nicht herausziehen.
Da ruft das Kätzchen das Mäuslein.
Das Mäuslein fasst das Kätzchen an,
Das Kätzchen fasst das Hündelein,
Das Hündlein das Enkelein,
Das Enkelein die Großmutter,
Die Großmutter den Großvater,
Der Großvater das Rübchen –

Sie ziehen und ziehen – und haben das Rübchen herausgezogen.

Russisches Märchen

Informationen über Trauma: Wunden, die heilen können – Trauma: nicht für immer

Wir lehren das, was wir lernen wollen.

Was ist ein psychisches Trauma?

- Ein Trauma ist keine Krankheit, sondern eine Störung.
- Ein Trauma ist eine radikale Verletzung der seelischen, körperlichen und sozialen Unversehrtheit.
- Die Gegenwart gerät aus dem Gleichgewicht.
- Ein Trauma ist keine lebenslängliche Strafe.

Unfälle, Gewaltereignisse, Katastrophen etc. können nicht nur körperliche Verletzungen zur Folge haben, sie können auch seelische Verletzungen verursachen.

Ein psychisches Trauma (griechisch = Wunde) ist, kurz gesagt, eine seelische Verletzung.

Ein Trauma erschüttert und verletzt die *fünf Säulen der Identität* eines Menschen:
1. seine Leiblichkeit
2. sein soziales Umfeld
3. seine Arbeit und Leistung
4. seine materiellen Sicherheiten
5. seine Normen, Sicherheits- und Wertvorstellungen (Selbst- und Weltbild)

Traumatische Erfahrungen, z.B. als Folge von Gewalt-, Kriminalitäts- oder Unfallhandlungen liegen weit außerhalb der sonst üblichen Alltagserfahrungen eines Menschen.

Wenn Du vor mir stehst und mich ansiehst, was weißt Du von den Schmerzen, die in mir sind und was weiß ich von Deinen. Und wenn ich mich vor Dir niederwerfen würde und weinen und erzählen, was wüsstest Du von mir mehr als von der Hölle, wenn Dir jemand erzählt, sie ist heiß und fürchterlich. Schon darum sollten wir Menschen voreinander so ehrfürchtig, so nachdenklich (...) stehen, wie vor dem Eingang zur Hölle.
Franz Kafka

Die fünf Säulen der Identität eines Menschen sind miteinander untrennbar verbunden, so wie die Teile eines Mobiles miteinander verbunden sind: In dem Moment, in dem sich ein Teil bewegt, bewegen sich die anderen mit – ob sie wollen oder nicht.

Jedes bedrohliche Ereignis, das außerhalb der sonst üblichen Erfahrungen liegt, kann ein psychisches Trauma verursachen. Dazu zählen insbesondere:

- Tod des Ehegatten
- Scheidung
- Eheliche Trennung
- Gefängnisaufenthalt
- Tod/Verlust einer nahestehenden Person
- Arbeitsplatzverlust
- Pensionierung
- Anschläge und Attentate
- Geiselnahme und Entführung
- Vergewaltigung
- sexueller oder emotionaler Missbrauch
- (Wohnungs-)Einbruch
- (Raub-)Überfall
- Körperverletzung
- schwerer Verkehrsunfall
- Unfall am Arbeitsplatz
- Mitteilung über eine unheilbare Krankheit
- Mobbing (soziale Traumatisierung)
- Naturkatastrophen
- lebensbedrohliche Erkrankungen
- schwere persönliche Schicksalsschläge

Insbesondere Gewaltereignisse, sowohl menschlich verursachte Ereignisse als auch Naturkatastrophen, bewirken eine tiefgreifende seelische Verletzung. Die Situation prägt das Trauma und ist abhängig von Gefühlen wie:

- Bedrohung
- Hilflosigkeit
- Hoffnungslosigkeit
- Kontrollverlust
- Schutzlosigkeit
- Sicherheitsverlust
- Ausweglosigkeit
- Sprach- und Bewegungsunfähigkeit
- persönliche Demütigung, Entwertung und Erniedrigung
- Unterwerfung als Folge einer unterbrochenen Kampf-/Flucht-Handlung

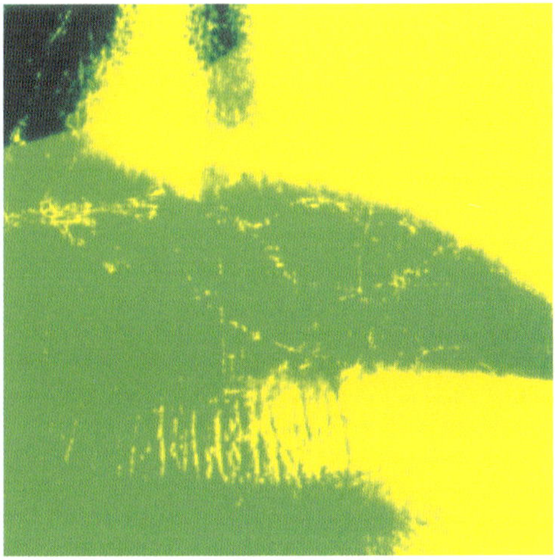

Ein psychisches Trauma ist nicht etwas, das mit dem traumatischen Ereignis an sich (z.B. dem Unfall oder Überfall) beendet ist. Anders ausgedrückt: Ein psychisches Trauma ist nicht zu Ende, wenn die traumatische Situation vorüber ist! Ein psychisches Trauma ist ein Prozess, der über die traumatische Situation hinaus in drei aufeinander folgenden Phasen verläuft und mehrere Wochen in Anspruch nimmt. Dazu finden Sie weitere Informationen im folgenden Kapitel ›Wie verläuft eine psychische Traumatisierung?‹

»Es ist ja nichts passiert« ist eine der Bemerkungen, denen Betroffene von traumatischen Ereignissen ohne körperliche Verletzungen oft begegnen oder die sie sich sogar selber sagen.

Die psychische Verletzung ist aber ebenso ernst zu nehmen wie eine körperliche Verletzung und benötigt einen Heilverlauf von mehreren Wochen.

Wie verläuft eine psychische Traumatisierung? Wie erlebt ein Mensch eine seelische Verletzung?

Jedes Ereignis ist anders
Jeder Mensch ist anders
Jedes Ereignis wird anders erlebt

Die Welt scheint sich plötzlich langsamer zu drehen oder still zu stehen. Dinge passieren wie in Zeitlupe.
Alles wird unwirklich und ist doch im gleichen Augenblick wahr.

Fliehe, kämpfe ... oder erstarre!!

Eine psychische Traumatisierung verläuft in drei Phasen:

Die Minuten und Stunden nach dem Ereignis: Die Schockphase

Damit ist das traumatische Ereignisse an sich und die Zeit kurz danach gemeint. Die traumatische Situation ist das »Schockereignis«. Unmittelbar im Anschluss an das Schockereignis befinden sich die Betroffenen in einer Schockphase, die von einer Stunde bis zu einer Woche dauern kann (Durchschnitt: 2 Tage).

Viele Betroffene sind in dieser Schockphase aufgeregt, verwirrt, betäubt, wütend, traurig und/oder orientierungslos. Sie werden von dem Erlebten regelrecht »überflutet«. Andere organisieren, handeln, regeln, werden nicht müde und sind äußerst wirkungsvoll in ihrem Handeln, während die erlebten Gefühle (vorerst) beiseite gedrängt sind.

Es ist prinzipiell unmöglich, eine traumatische Situation zum Zeitpunkt des Schocks angemessen zu verarbeiten. Das heißt, die Verarbeitung muss nachfolgen. Sie beginnt nach der Schockphase in der Einwirkungsphase.

Die Tage und Wochen nach dem Ereignis: Die Einwirkungsphase

Das ist die Phase unmittelbar nach der Schockphase, sie dauert ca. zwei bis vier Wochen nach dem Ereignis an. Mit dem Abklingen des Schocks beginnt der Betroffene, sich der traumatischen Erfahrung zu stellen und sie zu verarbeiten. Er beginnt erst in dieser Phase zunehmend zu realisieren, was er erlebt hat.

Besonders zu Beginn dieser Phase treten zum Teil sehr heftige Symptome auf. Jeder Betroffene eines traumatischen Ereignisses entwickelt Symptome – und dies eben hauptsächlich zu Beginn der Einwirkungsphase. Aber nicht jeder Betroffene entwickelt Langzeitfolgen.

Es gibt eine Vielzahl von unterschiedlichen Symptomen. Sie werden im Kapitel ›Typische Anzeichen und Merkmale einer seelischen Verletzung‹ vorgestellt. Symptome sind in dieser Phase ›normal‹, und auch sehr heftige Symptome sind zu diesem Zeitpunkt eine normale Reaktion auf das traumatische Ereignis. Im weiteren Verlauf der Verarbeitung verblassen bei den meisten Betroffenen diese Symptome wieder. Ob ein Betroffener langfristige Symptome entwickelt, hängt weniger davon ab, ob er eine ›starke‹ oder ›schwache‹ Persönlichkeit hat, als vielmehr von vorangegangenen Traumatisierungen und/oder nachfolgenden schwerwiegenden Belastungen im Verarbeitungszeitraum. Dazu gibt es aber noch ausführliche Darstellungen in den Kapiteln ›Wann besteht ein erhöhtes Risiko für Langzeitfolgen?‹ und ›Wann ist professionelle Hilfe notwendig?‹.

Am Ende dieser Phase treten die Betroffenen entweder in die Erholungsphase ein oder in einen länger anhaltenden (chronifizierten) traumatischen Prozess (›Chronifizierung‹).

Die Monate nach dem Ereignis: Erholungsphase bzw. Chronifizierung

Diese Phase schließt unmittelbar an die Einwirkungsphase an. Die Erholungsphase dauert bis ca. acht bis zwölf Wochen nach dem Ereignis. Bei der Erholung gelingt es dem Betroffenen nach und nach, die traumatische Erfahrung zu bewältigen und in die bisherigen Erfahrungen zu integrieren. Zu diesem Vorgang gibt es auch noch weitergehende Informationen im Kapitel ›Verarbeitung‹.

Eine Chronifizierung liegt dann vor, wenn es dem Betroffenen nach einer angemessenen Verarbeitungszeit von bis zu zwölf Wochen nach dem traumatischen Ereignis nicht gelungen ist, die gemachten Erfahrungen zu bewältigen und in den ›persönlichen Erfahrungsschatz‹ zu integrieren. Die Symptome verblassen auch innerhalb von zwölf Wochen nicht, sondern sie bleiben bestehen oder weiten sich aus. Die Zeit allein heilt dann nicht mehr die Wunden. In solchen Fällen muss die traumatische Erfahrung fachgerecht behandelt werden. Wie Sie dann vorgehen können und wer ansprechbar ist, das finden Sie im Kapitel ›Wann ist professionelle Hilfe nötig‹.

Den Verlauf einer psychischen Traumatisierung zeigt die folgende Abbildung im Überblick.

Die akute Belastungsreaktion nach einem traumatischen Ereignis ist (zunächst) eine normale Reaktion auf eine außergewöhnliche Situation.

ABLAUF DER REAKTIONEN NACH EINEM BELASTENDEN EREIGNIS

Auslöser	→ Schockphase	→ Einwirkungsphase	→ Erholungsphase oder Chronifizierung
traumatisches Ereignis (z.B. ein Überfall, oder ein Unfall ...)	→ Aufgeregtheit Verwirrtheit Traurigkeit Wut Betäubtsein	→ belastende Bilder Vermeidung Abwehr Übererregung	→ Rückkehr zum Alltag, Verarbeitung der Erlebnisse oder Langzeitfolgen
Moment	→ 1 Stunde bis 1 Woche; im Schnitt 2 Tage	→ ca. 2-4 Wochen	→ bis ca. 8 Wochen

fight–flight–freeze

Kampf–Flucht–Unterwerfung

»fight-flight-freeze« bedeutet folgendes:

Menschen haben in bedrohlichen Situationen nur zwei Möglichkeiten zu reagieren: Kämpfen (fight) oder Fliehen (flight). Der ganze Körper stellt sich auf Kämpfen oder Fliehen ein. Aber: In traumatischen Situationen (z. B. Überfall) können die Betroffenen weder kämpfen noch fliehen. Sie sind hilflos! Die Flucht- oder Kampfreaktion kann nicht ablaufen und wird vor der »Vollendung« sozusagen eingefroren: die Unterwerfung (freeze).

Die Verarbeitung eines traumatischen Ereignisses dauert länger als von den meisten Menschen angenommen wird. Sie kann je nach Schwere des traumatischen Ereignisses sechs, acht, sogar bis zu zwölf Wochen dauern.

Die Angaben zur zeitlichen Dauer der einzelnen Phasen sind Durchschnittswerte. Bei sehr schweren Traumata können alle drei Phasen verlängert sein.

docendo discimus – durch Lehren lernen wir

Die Phasen können auch verzögert eintreten, insbesondere bei körperlichen Verletzungen. Die Betroffenen sind in der ersten Zeit mit dem Heil- und Rehabilitationsverlauf völlig in Anspruch genommen, so dass die psychische Verarbeitung erst später begonnen wird.

Typische Anzeichen und Merkmale einer seelischen Verletzung

Symptome sind Anzeichen und Merkmale einer seelischen Verletzung oder einer beginnenden, ernsthaften Erkrankung!

Symptome sind der erste Versuch, ein belastendes Ereignis wieder unter Kontrolle zu bringen. Von daher ist es sehr gut, wenn ein Mensch Symptome zeigt. Das ist normal! Symptome sind eine normale Reaktion auf ein verrücktes Ereignis. Nicht ich bin verrückt, sondern das, was ich erlebt habe, ist verrückt!

Symptome sind zwar nicht belastend, haben aber auch eine gesundheitsfördernde Funktion: Sie zeigen, dass etwas nicht in Ordnung ist. Deshalb kann es dauerhaft nicht hilfreich sein, Symptome zu unterdrücken. Vielmehr muss die Ursache der Symptome bearbeitet werden.

Auf welche typischen Symptome sollte man achten?

Wie oben erwähnt: Jedes Traumaopfer zeigt zunächst Symptome! Aber nicht jeder Betroffene entwickelt Langzeitsymptome! Typische »normale« Symptome in der ersten Zeit nach einem traumatischen Ereignis (bis zu zwölf Wochen nach dem Ereignis) sind unter anderem:

- sich aufdrängende Bilder oder Gedanken, unangenehme Erinnerungsbilder, Sinneseindrücke und Erinnerungen an das Ereignis, Flashbacks, Nachhallerinnerungen (sogenannte ›Intrusionen‹)

- Verleugnung/Vermeidung von Menschen, Orten, Situationen, Gefühlen und Gedanken, die an das Trauma erinnern
- emotionale Taubheit, lokale Anästhesiereaktion, »Autopilot«, gefühlsmäßige Taubheit (engl.: *numbing*)
- Dissoziationen (Vermeidungsverhalten wie z.B. »spacing out«, als gedankliches Weggehen, extremes Tagträumen oder das Gefühl, nicht im eigenen Körper zu sein, »neben seinen Schuhen herlaufen«, »sich wie in Watte gepackt fühlen« und »die Welt wie durch Glasbausteine sehen«, Derealisation, Depersonalisation, Taubheitsgefühle, teilweise oder vollständige Gedächtnislücken)
- Übererregbarkeit
- Aggressionen
- Depressionen
- Ängste
- Selbstzweifel, Schuld- und Schamgefühle
- Ein- und Durchschlafstörungen, Albträume
- Gedächtnis-, Konzentrationsstörungen
- Erhöhte Schreckhaftigkeit
- Erhöhte Reizbarkeit
- Verspannungszustände (insbesondere Kopf-, Nacken-, Schulterschmerzen)
- Schwierigkeiten, anderen Menschen zu vertrauen

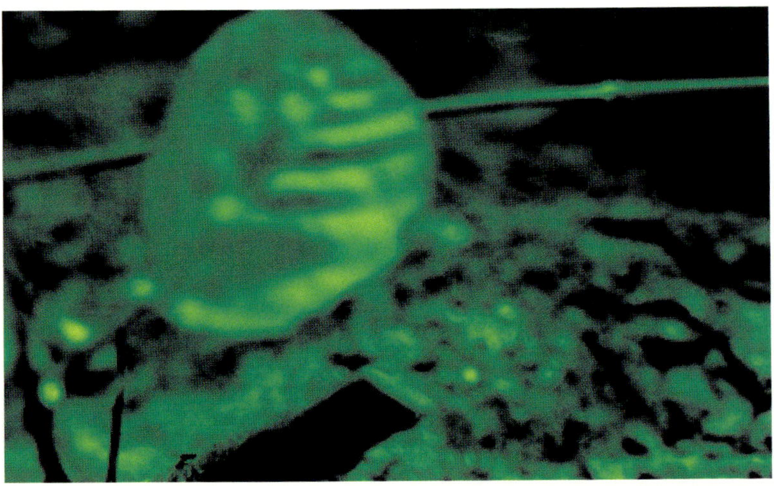

Der Untergang von Sodom und Gomorrha, Lots Rettung

Und die zwei Engel kamen am Abend nach Sodom, als Lot gerade im Tore von Sodom saß und sprachen: »Auf! Nimm deine Frau und deine beiden Töchter, die da sind, damit du nicht (...) dahingerafft wirst (...) Rette dich! Es gilt dein Leben! Sieh nicht hinter dich und bleibe nirgends stehen im ganzen Umkreis! Ins Gebirge rette dich, dass du nicht weggerafft werdest!« »Aber ins Gebirge kann ich mich nicht retten; es könnte das Verderben mich ereilen, dass ich sterben müsste. Siehe die Stadt da ist nahe, so dass ich dahin fliehen könnte.« »Schnell, rette dich dorthin; denn ich kann nichts tun, bis du dort hineingekommen bist!« Daher heißt die Stadt Zoar (›Kleinheit‹). Und eben, als die Sonne über der Erde aufgegangen war, kam Lot nach Zoar. Der Herr aber ließ Schwefel und Feuer auf Sodom und Gomorrha regnen (...) und vernichtete so die Städte und den ganzen Umkreis und alle Bewohner der Städte und was auf dem Land gewachsen war. Lots Weib aber sah sich hinter ihm um und **erstarrte zur Salzsäule.**
1. Mose 19 / Genesis 19

Typische Symptome (Anzeichen und Merkmale) im Überblick:

die wichtigsten sind:

- Intrusionen, wiederholtes Bilderleben, flashbacks, hotspots
- Vermeidung von Aktivitäten, die an das Trauma erinnern könnten
- Übererregung, Schlafstörungen, Schreckhaftigkeit

dazu kommen:

- Albträume; Gedankenterror, Grübeln
- andauerndes Gefühl von Betäubtsein
- emotionale Stumpfheit, Gleichgültigkeit gegenüber Menschen
- Teilnahmslosigkeit der Umwelt gegenüber
- Depressionen, Angst, Suizidgedanken
- Selbstmedikation: Alkoholkonsum und andere Süchte

Welche Folgen kann ein Trauma haben?

Die Zeit allein heilt nicht alle Wunden!

Den Untergang von Sodom und Gomorrha in der Schilderung der Bibel könnte man aus heutiger Sicht als ein für alle Betroffenen extrem belastendes Ereignis bezeichnen. Zwei Botschaften werden aber auch darin schon vermittelt: Zur Vermeidung von schweren seelischen Belastungsreaktionen ist es sehr hilfreich und überlebenswichtig, sich schnellstmöglich an einen sicheren Ort zu begeben, weit weg vom Ort des Geschehens, und man sollte nicht immer auf die schrecklichen Ereignisse zurückblicken und die Erlebnisse dadurch immer wieder aktivieren. Was sonst passieren kann, macht uns das Beispiel von Lots Frau erschreckend deutlich: Tränen sind salzhaltig und ein Mensch der nur noch weint, besteht am Ende überwiegend aus Salz und erstarrt in seinem Tränenfluss zur »Salzsäule«.

Bei günstigem Verlauf kann ein traumatisches Ereignis in dem natürlichen Verarbeitungsprozess innerhalb von ca. acht bis zwölf Wochen verarbeitet werden. Bei mehr als zwei Drittel der Traumaopfer verblassen die anfänglichen Symptome in diesem Zeitraum. Lediglich bei weniger als einem Drittel der Traumaopfer können die Traumasymptome länger als zwölf Wochen anhalten.

> Der Verarbeitungsverlauf ist für die Betroffenen insgesamt eine höchst verletzbare und empfindliche Phase. Kleinigkeiten, die bislang als banal und nichtig bewertet wurden, können vehemente Reaktionen bewirken (Wutausbrüche, Weinen, Niedergeschlagenheit etc.). Die Erschöpfbarkeit ist groß! Es kostet für die Betroffenen sehr viel Energie, ein traumatisches Ereignis zu erleben und zu verarbeiten! Ebenso groß ist die »Störbarkeit« der Verarbeitung in diesen Phasen.

Ob die Verarbeitung des traumatischen Ereignisses gelingt und der Betroffene sich erholt, hängt in erheblichem Maße davon ab, welche Schutz- oder Belastungsfaktoren in dem Verarbeitungsprozess wirksam werden. So kann sich z.B. ein verständnisvolles Umfeld (Familie, Kollegen, Vorgesetzte) positiv auswirken. Andererseits können zusätzliche Belastungen im beruflichen oder privaten Bereich oder auch nachfolgende traumatische Ereignisse den Verarbeitungsprozess erheblich stören.

Misslingt die Verarbeitung, können die traumatisch bedingten Beschwerden chronisch werden. Sie äußern sich dann in Form einer so genannten psychotraumatischen Belastungsstörung (PTBS) oder auch nicht selten in Form von psychosomatischen Erkrankungen, Charakterveränderungen, Suchtentwicklung (Alkohol, Medikamente, Drogen), Angststörungen, Depressionen, Zwangshandlungen, Arbeitsstörungen etc.

Wann besteht ein erhöhtes Risiko für Langzeitfolgen?

Wenn bei einem Traumabetroffenen die traumatisch bedingten Beschwerden chronisch werden, bedeutet dies nicht, dass derjenige »schwach« oder »labil« ist!
Die wesentlichen Risikofaktoren sind vielmehr:

- vorangegangene traumatische Ereignisse
- nachfolgende zusätzliche Belastungen im beruflichen und/oder privaten Bereich
- nachfolgende traumatische Ereignisse

Vorangegangene traumatische Ereignisse können durch das aktuelle Trauma reaktiviert werden, so dass entsprechend heftige Symptome auftreten können. Deutlich erkennbar wird das an den Intrusionen: Plötzliche, unkontrollierbare und wiederkehrende Erinnerungen an das aktuelle Ereignis vermischen sich mit plötzlichen, unkontrollierbaren und wiederkehrenden Erinnerungen an das vorangegangene traumatische Ereignis, auch wenn es schon mehrere Jahre zurückliegt.

Nachfolgende zusätzliche Belastungen, auch Misstrauen dem Opfer gegenüber, können entstehen durch:

- Kollegen/Vorgesetzte (die z.B. dem Opfer nicht glauben wollen)
- Angehörige oder Freunde (z.B. ›Stell' dich nicht so an!‹)
- Arbeitgeber (z.B. keine Kulanzregelungen bzgl. Arbeitsausfallzeiten)
- Andere offizielle Personen (Ärzte, Polizisten, aus Gericht und anderen Behörden o.ä.)

Nachfolgende traumatische Ereignisse, also weitere traumatische Erlebnisse im Verarbeitungszeitraum stellen eine besonders hohe Belastung für die Betroffenen dar: Das eine ist noch nicht verarbeitet und schon bricht ein neues Ereignis über sie herein.

Im Gegenzug dazu gibt es auch **Schutzfaktoren**, die den Heilungsverlauf der psychischen Verletzung günstig beeinflussen:

- Hat das Opfer Personen, die ihm Verständnis entgegenbringen, die ihm zuhören und unterstützen,

- wird an den traumatischen Erfahrungen des Opfers Anteil genommen und werden die traumatischen Erfahrungen vom Umfeld angemessen bewertet – also nicht unterschätzt, und
- ist das Opfer generell mit seiner beruflichen und privaten Situation zufrieden,

dann bestehen sehr gute Chancen, dass der Betroffene das traumatische Erlebnis in einem angemessenen Zeitraum verarbeitet.

Wann ist professionelle Hilfe notwendig?

Auswege aus dem Trauma: Der Irrgarten Psychotherapie

In vielerlei Hinsicht erinnert die Szene mit dem Elefanten und den Schaulustigen an die heutige Situation in Psychotherapie, Erziehung und Psychohygiene. Jeder der Besucher sieht richtig, doch nicht jeder sieht alles. Wenn Sie sich entschließen sollten, fachliche Hilfe in Anspruch zu nehmen, erkundigen Sie sich bitte vorher sorgfältig. Viele Titel im Namen und langjährige Berufserfahrung sind nicht unbedingt ein Qualitätsmerkmal für gute Therapeuten. Entscheidend ist, dass Sie und auch der Experte, den Sie aufsuchen, ein Gefühl der inneren Sympathie füreinander empfinden. Sonst sind Hilfe und Heilung kaum möglich. Voraussetzung für eine erfolgreiche Therapie ist ein vertrauensvolles Arbeitsbündnis. Die Beziehung und »atmosphärische Chemie« muss stimmen, sonst funktioniert

Die Schaulustigen und der Elefant

Man hatte einen Elefanten zur Ausstellung bei Nacht in einen dunklen Raum gebracht. Die Menschen strömten in Scharen herbei. Da es dunkel war, konnten die Besucher den Elefanten nicht sehen, und so versuchten sie, seine Gestalt durch Betasten zu erfassen. Da der Elefant groß war, konnte jeder Besucher nur einen Teil des Tieres greifen und es nach seinem Tastbefund beschreiben. Einer der Besucher, der ein Bein des Elefanten erwischt hatte, erklärte, dass der Elefant wie eine starke Säule sei; ein zweiter, der die Stoßzähne berührte, beschrieb den Elefanten als spitzen Gegenstand; ein dritter, der das Ohr des Tieres ergriff, meinte, er sei einem Fächer nicht unähnlich; der vierte, der über den Rücken des Elefanten strich, behauptete, dass der Elefant so gerade und flach sei wie eine Liege.

nach: Mowlana, persischer Dichter

Therapie nicht. Machen Sie sich ein eigenes Bild in den Erstgesprächen und verlassen Sie sich auf Ihr Bauchgefühl. Wenn Sie auch nur geringe Zweifel haben, schauen Sie sich nach einem weiteren Fachmann um. Sprechen Sie in jedem Fall vorher mit einem Hausarzt ihres Vertrauens. Er wird Ihnen sicherlich bei der Suche nach einem geeigneten Fachmann behilflich sein. So auch Ihre Krankenkasse. Darüber hinaus finden Sie im Anhang des Buches eine Reihe von Kontaktadressen, die Ihnen mit seriösen Empfehlungen weiterhelfen können. Um sich ein wenig im Irrgarten der Psychotherapie orientieren zu können, haben wir nachfolgend einmal die wichtigsten Fachbegriffe und -richtungen erläutert.

Sympathie: ohne Liebe gibt es keine Heilung

• *Die Fachklinik:*

Im Bereich der Fachklinik für Psychotraumatologie werden Erwachsene – auch Einzelpersonen – und Kinder, die ein psychotraumatisches Erlebnis erfahren haben, aufgenommen. Das Therapiekonzept der stationären Rehabilitation posttraumatischer Belastungsstörungen beruht auf einer ganzheitlichen und integrierten Gesundheitssicherung, sowie einer nachhaltigen und alltagsnahen Behandlung von Patienten mit psychischen Störungen nach traumatischen Erlebnissen. Die Beratungsvariante dieses traumatherapeutischen Verfahrens beruht auf der Stabilisierung und Erweiterung der Selbstheilungskräfte der Patienten. Die Behandlung verläuft in verschiedenen Phasen: Förderung des Selbstschutzes, Stabilisierung, Durcharbeitung im Dialog, Neuorientierung und Reintegration.

• *Der Psychotraumatherapeut:*

Im Bereich der ambulanten und stationären Therapie von posttraumatischen Belastungsstörungen sind Traumatherapeuten weitergebildete Fachtherapeuten oder Mediziner, die zuvor eine Ausbildung in einem zugelassenen Richtlinienverfahren absolviert haben (z.B. Verhaltenstherapie). Weiterhin gehören zu dieser Gruppe Therapeutinnen und Therapeuten, die eine Zulassung als Heilpraktiker haben oder in einem anderen therapeutischen Verfahren ausgebildet sind (z.B. in Gestalttherapie) jeweils mit der Zulassung für Psychotherapie. Traumaexperten beherrschen die Grundlagen der Psychotraumatologie: z.B. Erscheinungsbilder, Erklärungsansätze, Therapieforschung, Besonderheiten der posttraumatischen Belastungsstörung, Diagnostik und Differenzialdiagnostik, frühe Risikoeinschätzung, Stabilisierung, Psychoedukation und psychologische Akutinterventionen.

- *Der Neurologe* (Nervenarzt):

Er beschäftigt sich mit den Störungen, Verletzungen, Ausfällen und Erkrankungen des Nervensystems und einzelner Nerven. Als Krankheitsbilder finden sich hier: Lähmungen, Sensibilitätsausfälle, Hirntumoren, Verletzungen des Zentralnervensystems und der peripheren Nerven sowie Erkrankungen wie Ischias und Neuralgien. Die Therapie erfolgt zumeist durch Medikamente, Bestrahlungen, elektrotherapeutische Anwendungen und physiotherapeutische Maßnahmen.

- *Der Psychiater:*

Der Psychiater ist ebenso wie der Neurologe Arzt. Er hat sich auf die Geistes- und Gemütskrankheiten spezialisiert und beschäftigt sich vor allem mit den sogenannten Schizophrenien, ›endogenen‹ Depressionen, Psychopathien und dem psychischen Erscheinungsbild von neurologischen Störungen. Dies ist auch der Grund dafür, dass in der Bundesrepublik der Psychiater in der Regel auch als Neurologe ausgebildet ist. Im Patientenkreis des Psychiaters finden sich Patienten mit Wahnvorstellungen, Halluzinationen, Depressionen und Ängsten. Seine Behandlung ist weitgehend medikamentös. Hinzu kommen das psychiatrische Gespräch und in den verschiedenen Fällen das autogene Training.

- *Der Psychotherapeut:*

ist spezialisiert auf Störungen, die seelische Ursachen haben. Diese Störungen beruhen zumeist auf unbewussten Konflikten und Erlebnissen. Wichtig erscheint, dass mögliche organische Ursachen oder Symptome vor der psychotherapeutischen Behandlung abgeklärt werden. Der Psychotherapeut ist in der Regel Diplom-Psychologe mit zusätzlicher Ausbildung oder Arzt und Psychiater. Zu ihm kommen Patienten mit psychischen und psychosomatischen Störungen. Psychische Störungen sind Ängste, Depressionen, Zwänge, Verhaltensauffälligkeiten, Kontaktstörungen, Sexualstörungen, Hemmungen usw. Psychosomatische Störungen, also körperlich-seelische Störungen, äußern sich in Schlafstörungen, Spannungszuständen, Magenbeschwerden, Herz- und Kreislaufbeschwerden, Asthma,

Kopfschmerzen, rheumatischen Beschwerden, gynäkologischen Beschwerden, Allergien, Verdauungsstörungen usw. Die Methoden der Psychotherapie bestehen zumeist darin, unbewusste Konflikte aufzudecken, wiederzubeleben und durchzuarbeiten oder mit Hilfe des Gesprächs Konfliktlösungen herbeizuführen.

• *Der Psychoanalytiker:*

Innerhalb der Psychotherapie gibt es eine Anzahl von verschiedenen Methoden: Die Psychoanalyse nach S. Freud; die Tiefenpsychologie nach C.G. Jung; die Individualpsychologie nach A. Adler; die Logotherapie nach V. Frankl usw. Der Psychoanalytiker ist ein Psychotherapeut, der sich auf die Psychoanalyse nach S. Freud spezialisiert hat. In einer besonderen Ausbildung werden Kontroll- und Lehranalysen durchgeführt. Dadurch wird der Psychoanalytiker in den Stand versetzt, auch die Prozesse, die zwischen ihm und dem Patienten ablaufen, zu kontrollieren. Er stellt das Unbewusste in den Mittelpunkt und betont die Bedeutung frühkindlicher Erlebnisse und der Sexualität. Seine Methode beruht auf freier Assoziation und Deutungen der meist spontanen Äußerungen des Patienten. Die Dauer der psychoanalytischen Therapie beträgt durchschnittlich zwischen einem und vier Jahren.

• *Der Diplom-Psychologe:*

hat die Wissenschaft des Erlebens und Verhaltens des Menschen unter besonderer Berücksichtigung der ›normalen‹ psychischen Entwicklung

Praktischer Tipp:

Wenn nach zwölf Wochen die beobachtbaren und ungewöhnlichen Symptome nach einem belastenden Ereignis nicht deutlich zurückgegangen sind, Sie abends mit dem Gedanken an dieses Ereignis schlafen gehen und morgens mit dem Gedanken daran wieder aufwachen und/oder Sie in Ihrem beruflichen und privaten Lebensraum durch diese Symptomatik erheblich beeinträchtigt werden, könnte es sehr hilfreich sein, wenn Sie sich von einem psychotraumatologisch weitergebildeten Psychologen/Arzt beraten lassen.

studiert. Zudem kennt er die wesentlichen Störungen im seelischen Bereich und ist Test-Spezialist. Seine Testuntersuchungen geben weitgehend objektiven Aufschluss über die Persönlichkeitsstruktur eines Menschen, bestimmte Fähigkeiten, Leistungen und Störungen. Manche Psychologen sind als klinische Psychologen ausgebildet, sie führen zumeist im Rahmen eines Krankenhauses Psychotherapie und/oder testdiagnostische Untersuchungen durch oder sind privat niedergelassen. Die Tätigkeit der Diplom-Psychologen reicht von der Arbeits-, Betriebs-, und Unternehmenspsychologie über die Verkehrs- und Rechtspsychologie bis hin zur klinischen Psychologie. Eine enge Zusammenarbeit zwischen Diplom-Psychologen und Arzt erscheint gerade hinsichtlich der Psychotherapie empfehlenswert.

• *Der Kinder- und Jugendlichentherapeut:*

Der Kinder- und Jugendlichentherapeut und der Psychagoge haben beide eine Spezialausbildung in der Behandlung von Kindern und Jugendlichen. Sein psychotherapeutisches Konzept ist verhaltenstherapeutisch, tiefenpsychologisch und psychoanalytisch orientiert. Im Vordergrund stehen spieltherapeutische Behandlungsformen, zu denen gelegentlich Deutungen des Verhaltens der Kinder kommen. Weiterhin werden gesprächstherapeutische Verfahren verwendet. Auch hier ist eine enge Zusammenarbeit mit dem Facharzt wünschenswert, sowie mit den Eltern oder Bezugspersonen und Lehrern.

• *Der Verhaltenstherapeut:*

Er ist in der Regel entweder Diplom-Psychologe oder Mediziner und versucht nach den Prinzipien der Lerntheorie Verhaltensstörungen zu

»Eine tragfähige Beziehung und empathisches Verständnis für erlebtes Leid, konkrete Hilfe in Problemlagen, Einsicht in die gesellschaftlichen Bedingungsgefüge der Biografie, des aktualen Lebens und der Zukunftsentwürfe, Bewußtheit für den eigenen Leib, sowie Räume für emotionalen Ausdruck und soziales Miteinander, das ist es, was unsere Patienten brauchen, um gesund zu werden, was Menschen brauchen, um gesund zu bleiben und was Psychotherapie bereitstellen muß, um wirksam zu sein.«
Hilarion Petzold

behandeln. Für ihn steht das Symptom im Vordergrund, das als eigentliche Störung gilt. Ein Patient, der unter Ängsten leidet, wird systematisch auf diese Ängste hin behandelt. Die Frage nach der Entstehung dieser Ängste ist demgegenüber sekundär. Der Verhaltenstherapeut geht davon aus, dass die von ihm behandelten Störungen, Verhaltensauffälligkeiten, Ängste, Stottern, Bettnässen, Tics usw. nach bestimmten Regelhaftigkeiten gelernt und entsprechend durch Anwendung der Lerntheorien therapiert werden können.

Psychotherapie ist:
1. eine klinische Behandlungsmethode
2. ein Instrument der Gesundheitsförderung
3. ein Weg der Persönlichkeitsentwicklung

Bei **Chronifizierung** bleiben die Symptome über den Verarbeitungszeitraum von zwölf Wochen hinaus bestehen oder sie können sich sogar »ausweiten«. Zum Beispiel:

• *Ängste*, die unmittelbar nach dem traumatischen Ereignis aufgekommen sind und die sich zuerst auf spezifische Situationen, Orte oder Personen beziehen, die mit dem Ereignis offensichtlich in Verbindung stehen (Banken; Personen mit Motorradhelmen; Feldwege/Straßen, die dem Tatort- oder Unfallort ähnlich sehen etc.) können sich ausweiten, z.B. in der Form, dass Ängste entstehen, öffentliche Plätze generell zu betreten, das Haus generell zu verlassen, allen fremden Männern zu misstrauen etc.

• *Stimmungsschwankungen*, die häufig unmittelbar nach einem traumatischen Ereignis entstehen, können sich ausweiten, so dass z.B. zunehmend weniger Lebensfreude empfunden wird, dass zunehmend weniger »kleine Dinge« wie Essen, Ausflüge, sportliche Aktivitäten etc. genossen werden können, dass Sie zunehmend empfinden, schönen Dingen des Lebens gegenüber abgestumpft zu sein usw.

• *Zweifel an sich selbst*, an den eigenen Fähigkeiten und Fertigkeiten, können sich ausweiten, so dass Sie z.B. zunehmend berufliche und private Herausforderungen und Belastungssituationen vermeiden, dass Sie zunehmend sich aus sozialen Gesellschaften zurückziehen, dass Sie sich zunehmend weniger zutrauen.

Chronifizierte psychotraumatisch bedingte Beschwerden stellen für die betroffenen Personen ein erhebliches Leidenspotenzial dar.

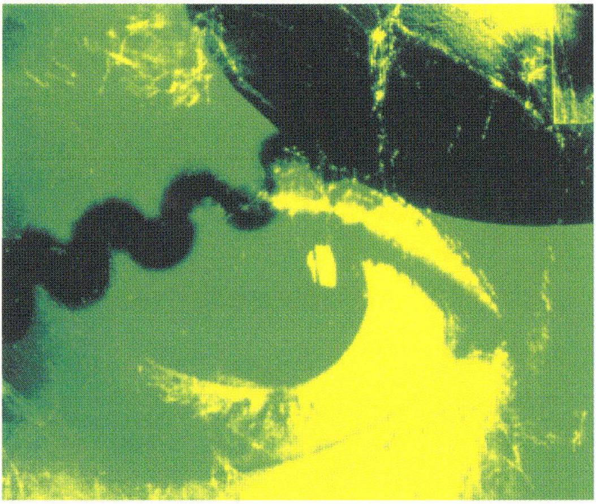

Bei anhaltenden Symptomen und Beschwerden sollte unbedingt professionelle Hilfe (medizinisch, therapeutisch) gesucht werden. **Die Behandlungserfolge bei speziell traumatherapeutischer Behandlung sind hoch.**

Angehörige und Partner von Traumatisierten

In der praktischen Erfahrung mit Akut-Betroffenen wissen wir schon länger, dass Angehörige und Partner von Traumaopfern ebenfalls erheblich belastet sein können.

Neben der Hilflosigkeit, die dadurch entsteht, dass man dem Traumatisierten irgendwie helfen will, ohne aber zu wissen wie, und das über einen längeren Zeitraum als geahnt, können die Angehörigen und Partner von Traumaopfern hoch belastet werden:

> Wenn wir einen anderen Menschen wirklich lieben und wollen, dass sein Leiden sich verringert, kann eine Stunde achtsamen und mitfühlenden Zuhörens ausreichen, um ihm Heilung zu bringen.
> *Thich Nhat Hanh*

Die Angst bzw. die Todesangst um den Nahestehenden kann sogar sekundär traumatisierend für den Angehörigen/Partner wirken. Das traumatisierende Ereignis wird über Berichte kognitiv konstruiert und kann über die kognitive Konstruierung gleichfalls traumatisierend wirken wie bei den »Vor-Ort-Betroffenen«. Die Angehörigen/

Partner leiden infolge davon unter gleich hohen, traumaspezifischen Symptomen wie die »primär« betroffenen Angehörigen und Partner. Auch hoch belastende Intrusionen (aufdrängende, belastende Bilder von dem Ereignis) können die nicht ›selbst‹ Betroffenen erheblich belasten.

Die Erkennung der eigenen Belastung ist hierbei der erste Schritt sowohl zur Selbsthilfe als auch zur Unterstützung des traumatisierten Angehörigen/Partners.

> Angehörige und Partner können nicht nur selbst sehr hoch durch das Ereignis von Nahestehenden belastet sein, sie können sogar selbst sekundär traumatisiert werden.

Sekundäre Traumatisierungen bedürfen der gleichen Behandlung wie primäre Traumatisierungen: Selbstheilungskräfte müssen mobilisiert werden und gegebenenfalls muss professionelle Hilfe in Anspruch genommen werden.

Für Angehörige und Partner von Betroffenen gilt: Scheuen Sie sich nicht, die eigene Belastung genau zu überprüfen und sich gegebenenfalls selber Hilfe zu suchen!

Dem Traumatisierten kann der Partner oder Angehörige am besten helfen, indem er vor allem selber all die Informationen über Traumata hat, die in den vorangegangenen Kapiteln dargestellt wurden: Dauer, Verlauf, Symptome etc.

Mit jeglicher Unterstützung und »Verwöhnung« kann der Partner dem Traumaopfer in dieser Zeit der Verarbeitung helfen. Der Traumatisierte ist jetzt extrem verletzlich, und Kochen, schöne gemeinsame Freizeitaktivitäten, Nicht-alleine-Lassen etc. können enorm helfen. Es ist nicht immer nur das Gespräch »darüber«, das hilft. Aber wenn ein Gespräch gewünscht wird, dann sollte der Partner dafür da sein (auch zum x-ten Male).

Auch wenn die Traumabetroffenen für den Partner/den Angehörigen in der ersten Zeit »verändert« erscheinen (z.B. stimmungsschwankend, in sich zurückgezogen, ängstlich etc.), können die Partner und Angehörigen mit einem Basiswissen über Trauma diese »Veränderungen« verstehen und akzeptieren. Verarbeitung braucht Zeit (sechs bis acht, manchmal sogar zwölf Wochen). Symptome, »Veränderungen« des Betroffenen sind in diesem Zeitraum völlig normal und sollten den Partner/Angehörigen nicht beunruhigen.

Jede Sekunde leben
ist Leben
Die Schatten des Todes
verlieren sich in den Rändern der Trauer
wir stehen im Licht
Quelle unbekannt

Es lebten einmal ein Mann und eine Frau.
Die hatten ein buntscheckiges Hühnchen.
Das Hühnchen, das legte mal ein Ei:
Ganz bunt, ganz spitz, ganz knöchern, ganz verzwickt.
Es legte das Ei in einen Espenkorb,
In der Ecke unter der Bank,
Da lief ein Mäuschen vorbei, zuckte mit dem Schwänzchen
Und brach das Ei entzwei.
Über dieses Ei fing der Mann zu weinen an,
Die Frau zu schluchzen, die Türpfosten zu lachen,
Die Hühner zu flattern, das Tor zu knarren,
Der Kehricht an der Schwelle wirbelte hoch,
Die Türen wölbten sich, der Flechtzaun fiel auseinander,
Das ganze Hausdach fing zu schwanken an...
Das buntscheckige Hühnchen aber spricht zu ihnen:
»Weine nicht, Alter, schluchze nicht, Alte,
Ihr Hühner, flattert nicht,
Knarre nicht, Tor, du, Kehricht an der Schwelle,
Wirble nicht hoch,
Falle nicht auseinander, Flechtzaun,
Und du, Hausdach, schwanke nicht –
Ich werde euch legen ein neues Ei:
Ganz bunt, ganz spitz, ganz knöchern, ganz verzwickt,
Kein gewöhnliches Ei, nein – ein goldenes!«
Russisches Märchen

Lehren sind nichts für mich. Bei mir selbst will ich lernen.
Hermann Hesse: Siddhartha

»Soll man das Leben mehr lieben als den Sinn des Lebens?«
»Unbedingt; man soll es vor der Logik lieben, unbedingt vor der Logik, dann erst wird man auch den Sinn begreifen.«
Feodor M. Dostojewskij: Die Brüder Karamasow

Tipps und Techniken zur Selbstregulation

»With a little help from our friends ...«:
Du sprichst mir aus der Seele

Grundregeln der Selbstregulation

›Hilf mir, es selbst zu tun‹

> *natura sanat, medicus curat –*
> die Natur heilt, der Arzt unterstützt

Auch wenn ein belastendes Lebensereignis überwältigend erscheint, ist jeder Mensch grundsätzlich in der Lage, extrem belastende und außergewöhnliche Ereignisse zu überstehen und zu verarbeiten. Aus diesem Grund sollte jede Unterstützung, Hilfe, Beratung oder Behandlung vorrangig eine Hilfe zur Selbsthilfe sein. Das, was ich selber bewältigt habe, stärkt mich für zukünftige Belastungen, fördert meine Fähigkeiten und Fertigkeiten und entsprechend mein Selbstbewusstsein.

Es gilt schon als pädagogisches Grundprinzip, altersgerecht Kinder anzuleiten, bestimmte Dinge selber zu tun, anstatt es für sie zu übernehmen. Das gilt genauso für das lebenslange Lernen von Erwachsenen.

Menschen neigen eher dazu, Misserfolge im Gedächtnis zu behalten, als Erfolge zu erinnern. Das gilt insbesondere in belastenden Lebenssitua-

Der Sonnenrufer

Auf dem Hühnerhof erkrankte der Hahn so schwer, dass man nicht damit rechnen konnte, dass er am nächsten Morgen krähen werde. Die Hennen machten sich daraufhin große Sorgen und fürchteten, dass die Sonne an diesem Morgen nicht aufgehe, wenn das Krähen ihres Herrn und Meisters sie nicht rufe. Die Hennen meinten nämlich, dass die Sonne nur aufgehe, weil der Hahn krähe. Der nächste Morgen heilte sie von ihrem Aberglauben. Zwar blieb der Hahn krank, zu heiser, um krähen zu können, doch die Sonne schien; nichts hatte ihren Gang beeinflusst.
Persische Geschichte

> Mit wem du gelacht hast,
> kannst du vielleicht vergessen,
> mit wem du geweint hast, nie.
> *aus Arabien*

tionen bzw. nach traumatischen Ereignissen. Die Erfahrung von Hilflosigkeit und Kontrollverlust in bedrohlichen Situationen »verschüttet« regelrecht frühere Erfolgserlebnisse und damit das Selbstbewusstsein, »etwas erreichen zu können«. Das belastende Ereignis wird oft als persönliches Versagen empfunden, auch wenn es tatsächlich nicht zutrifft. Dann wird es besonders wichtig, sich früherer Erfolge (wieder) bewusst zu werden.

Mit der Übung **»Persönliche Erfolge«** können sie Ihr eigenes »Erfolgs-Profil« erstellen:

Das, was zum Erfolg geführt hat, reproduziert das, was zum Erfolg geführt hat. Durch Krisen und außergewöhnliche Ereignisse vergessen wir manchmal unsere eigenen und wichtigsten Stärken, also das, was wir am besten können und das, was uns in anderen krisenhaften Situationen des Lebens schon öfter geholfen hat.
Hilfreich ist es in solchen Momenten, die eigene Selbstdefinition zu bestimmen, d.h. sich darauf zu besinnen, was im Augenblick ist und was ich tun kann, um diese Situation zu verändern. Achtsamkeit ist sehr hilfreich und das Bewusstmachen von Vermeidungsverhalten.

Anleitung zur Übung »Persönliche Erfolge«

- Überlegen Sie genau, welche persönlichen Erfolge Sie bisher im Leben hatten. Das können »offizielle« Erfolge wie Ihre Ausbildung oder auch sehr private und individuelle aus Ihrer Biographie sein.
- Schreiben Sie fünf persönliche Erfolge auf (es können natürlich auch mehr sein)!
- Jetzt überlegen Sie, ganz unbescheiden und offen, welche Gründe dazu geführt haben, dass Sie diese Erfolge erreicht haben. Welche Fähigkeiten und Fertigkeiten haben Sie dabei gezeigt?
- Schreiben Sie diese Gründe, Ihre Fähigkeiten und Fertigkeiten für jeden persönlichen Erfolg genau und offen auf. Suchen Sie allgemeine Begriffe (nicht: »Ich wollte das einfach«, sondern: »Willen«).
- Schauen Sie sich im Anschluss daran genau an, welche persönlichen Erfolge Sie gehabt haben und aus welchen Gründen Sie diese erreicht haben.
- Wie lautet das Geheimnis Ihres Erfolges in einem Satz ausgedrückt?

Um zu überprüfen, ob ich in einem Augenblick genau das tue, was ich auch empfinde, ist es aufschlussreich, sich kurz, innerlich folgende Fragen zu beantworten:

- Was tue ich gerade?
- Wie geht es mir dabei?
- Was würde ich gerne tun?
- Was vermeide ich?

Im Umgang mit belastenden Lebensereignissen (BLE) können sechs Schritte als Anleitung hilfreich sein. Um eine Krise zu bewältigen ist es hilfreich, eine klare Struktur zu haben. Sie liefert Orientierungspunkte und gibt Sicherheit. Als Beispiel für eine Selbsteinschätzung kann sich folgende Struktur anbieten:

Sechs Schritte im Umgang mit belastenden Lebensereignissen:

1. **BLE verstehen**
2. **BLE genau eingrenzen, definieren**
3. **Ausdruck von Gefühlen**
4. **Rückgriff auf gewohnte Bewältigungsmechanismen**
5. **Suche nach neuen Lösungen**
6. **Gemeinsamer Rückblick**

Zur Quelle kann man den Menschen führen, doch trinken muss er selbst

›Stärken stärken‹

Das Ausschöpfen der eigenen Ressourcen ist: Selbsterkenntnis als Grundvoraussetzung zum gezielten Einsatz von individuellen Stärken.

Ebenso wie Menschen eher dazu neigen, Misserfolge zu erinnern, neigen sie auch eher dazu, Defizite und Schwächen (an sich und anderen) zu erkennen, statt sich der eigenen Fähigkeiten und Stärken bewusst zu sein. Auch das trifft ganz besonders in belastenden Lebenssituationen zu.

Wenn Sie jemand bitten würde, jetzt ein Versprechen für die Zukunft abzugeben, das Sie auch halten können, wie würde es lauten?
Ich verspreche ...

Dabei ist es ein weiteres pädagogisches Grundprinzip, bei Kindern Stärken zu stärken und nicht nur Förderungen bei Defiziten und Fehlverhalten durchzuführen. Auch dieses Grundprinzip gilt für die Hilfe zur Selbsthilfe.

Jede Minute, die du in der Vergangenheit bist, fehlt dir in der Gegenwart.
Fritz Perls

Um die eigenen Stärken aber fördern und gezielt einsetzen zu können, muss ich sie erst im einzelnen kennen; dazu kann die »Casting-Übung« dienlich sein.

Anleitung zur »Casting-Übung«

Stellen Sie sich vor, Sie sind in die engere Auswahl gekommen, die sehr erfolgreiche Fernsehsendung »Ändere dein Leben« zu moderieren. Ihre Aufgabe in der Sendung ist es, Menschen zu beraten, die ihr Leben ändern wollen und Probleme bewältigen möchten. Die Erfüllung Ihres Wunsches, im Fernsehen zu arbeiten, ist in greifbare Nähe gerückt. Heute sind Sie zu einem abschließenden Casting (Rollenbesetzung) eingeladen.

Lassen Sie sich bitte die Fragen von einem Freund/Freundin (als persönlicher Jury) vorlesen. Beantworten Sie die Fragen dann in aller Ruhe und schreiben Sie die Antworten kurz auf. Besprechen Sie nach der Beantwortung mit Ihrer »Jury«, ob Sie die Stelle bekommen würden oder welche Empfehlungen Ihnen noch ausgesprochen bzw. welche Auflagen Ihnen noch gemacht werden.

Die Fragen

- Was haben Sie sich als letztes vorgenommen? Haben Sie den Vorsatz eingehalten? (Wenn nein – warum nicht?)
- Wenn Sie vor einem großen Publikum einen Vortrag halten dürften – über welches Thema würden Sie gerne sprechen?
- Welches Sprichwort fällt Ihnen spontan ein?
- Wie sieht Ihr typischer Sonntagmorgen aus?
- Was halten Sie von Aberglauben?
- Wer oder was ist für Sie »echt unwiderstehlich«?
- Beschreiben Sie ihre Wirkung auf Frauen.
- Beschreiben Sie Ihre Wirkung auf Männer.
- Was zeichnet Sie persönlich aus?
- Wo liegen Ihre Stärken?
- Was sind Ihre Schwächen und wie gehen Sie mit ihnen um?
- Was war Ihr persönlich größtes Erfolgserlebnis?
- Wie gehen Sie mit Misserfolgen um?
- Wovor haben Sie Angst und wie gehen Sie damit um?
- Wie lautet Ihr Lebensmotto?
- Was war das Schönste, das Sie bislang erlebt haben?
- Was war das Schlimmste, das Sie bislang erlebt haben?
- Gibt es Situationen, wo Ihnen selbst Freunde auf die Nerven gehen?
- Sind Sie eher Pessimist, oder Optimist?
- Wie stehen Sie zu Feinden, Menschen die Sie nicht begeistern können?
- Finden Sie sich sexy/erotisch?

- Was schätzen Freunde an Ihnen?
- Haben Sie eine Entscheidung im Leben jemals bereut? Welche?
- Können Sie auch mal gar nichts tun?
- Was hat Sie zudem gemacht, was Sie heute sind?
- Welche andere Lebensplanung können Sie sich für sich vorstellen?
- Wenn Sie einen schlechten Tag haben, wie motivieren Sie sich selbst?
- Angefangen haben Sie mit / als ... Was brachte Sie später zum ...?
- Wie hat sich Ihr Leben durch das Vater- bzw. Muttersein verändert?
- Glauben Sie an Schicksal?
- Wann wussten Sie, dass der Weg, den Sie eingeschlagen haben, der richtige Weg ist?
- Was können Sie gar nicht leiden? Bitte nennen Sie drei Dinge.
- Suchen Menschen gerne bei Ihnen Rat?
- Sind Sie ein diplomatischer oder sehr direkter Ratgeber?
- Sie sind im Urlaub und werden auf der Rückreise im Reisebus von einem Hochwasser überrascht. Ihnen wird klar, dass das Gepäck vom Wasser bedroht ist. Ergreifen Sie die Initiative oder warten Sie darauf, dass jemand anderes Sie auffordert beim Umladen des Gepäcks behilflich zu sein? Wie mobilisieren Sie diejenigen, die panisch sind?
- Wie stehen Sie zu Menschen, die immer wieder dieselben Fehler begehen oder nur jammern und nichts ändern?
- Angenommen, Sie wären mit Ihrer Figur unzufrieden – was würden Sie tun?
- Oder: Ihre Freundin, Ihre Frau jammert Ihnen seit Monaten die Ohren darüber voll, dass sie fünf Kilo Körpermasse von ihrem Lieblingsoutfit trennen – wie gehen Sie damit um?
- Ein Freund hat Beziehungsprobleme und haut sich die Nächte um die Ohren, statt sich mit sich auseinander zu setzen – wie greifen Sie ein?
- Männer reden ungern über Gefühle – behaupten viele Frauen. Wie gehen Sie mit Ihren Gefühlen um und können Sie darüber reden?
- Wie gehen Sie mit Vorurteilen gegenüber Männern/Frauen um?
- Wie fühlt man sich, in der engeren Wahl für »Ändere dein Leben« zu sein?
- Warum sind Sie genau die richtige Person für diese Sendung?
- Was reizt Sie an dieser Sendung?
- Welche Voraussetzungen muss man mitbringen, um sein Leben zu verändern?
- Was können Sie gut, was schlecht?
- Wie definieren Sie Glück?
- Wann und worüber haben Sie das letzte Mal so richtig von Herzen gelacht?

Mit der Kenntnis der eigenen Stärken kann man sich in schwierigen und belastenden Lebenssituationen eine eigene Anleitung zur Selbsthilfe in Form eines persönlichen Erfolgsplans geben.

Mein persönlicher Erfolgsplan:

- Welche Ressourcen habe ich:

äußere (Familie, Freunde, andere Beziehungen, Arbeits- und Wohnsituation):

  - Wer oder was hilft mir jetzt?
  - Wer oder was hilft mir jetzt nicht?

innere (Stärken, Fähigkeiten):

  - Wie habe ich Ähnliches oder eine andere Belastungssituation bewältigt?
  - Was hat mir bisher geholfen, um in Belastungssituationen zur Ruhe zu kommen, mich abzulenken und mir etwas Gutes zu tun?

- Welche erprobte Bewältigungsstrategie kann ich in der jetzigen Situation einsetzen?
- Welche Situationen, welches Verhalten muss ich meiden?
- Wie wehre ich mich gegen ungerechtfertigte Anforderungen/Erwartungen?

Essen und Trinken hält Leib und Seele zusammen

Essen tröstet! Wie soll ich mich am besten nach belastenden Ereignissen ernähren? Schon vor vielen Jahrhunderten forderte der Arzt und Naturforscher Paracelsus: »Eure Lebensmittel mögen eure Heilmittel sein!«

Was macht aber eine gesunde Ernährung konkret aus, und worauf sollte ich genau achten? Vitamine alleine reichen nicht. Wer einfach auf Genuss-Lebensmittel verzichtet, verbessert seine Ernährung nicht zwangsläufig. Was aber ist denn nun wirklich gesund und hilfreich?

Unsere Ernährung besteht aus 150 bis maximal 300 Grundnahrungsmitteln. Doch nur einige haben

Grundsätzlich sollten die 10 Regeln der Deutschen Gesellschaft für Ernährung (DGE) berücksichtigt werden:

1. vielseitig aber nicht zu viel essen (möglichst viele verschiedene Lebensmittel und in kleinen Portionen)
2. weniger Fett und fettreiche Lebensmittel
3. würzig, aber nicht zu salzig
4. wenig Süßes
5. mehr Vollkornprodukte
6. reichlich Gemüse, Kartoffeln und Obst
7. wenig tierisches Eiweiß
8. trinken mit Verstand
9. öfters kleinere Mahlzeiten
10. schmackhaft und schonend zubereiten

wirklich entscheidende Schlüsselfunktionen. So sind z.B. Tomaten für die Krebsvorsorge unverzichtbar. Mit Joghurt lässt sich das Körpergewicht regulieren. Erbsen können schädliches Cholesterin im Körper neutralisieren.

Doch nicht nur was wir zu uns nehmen, ist von Bedeutung, sondern auch zu welcher Uhrzeit wir essen und in welcher Kombination. Manche Lebensmittel können nur im Zusammenspiel mit anderen ihre volle Wirksamkeit entfalten, also z.B. Vitamine nur mit Fett. Weil diese Zusammenhänge sehr kompliziert sind, finden Sie nachfolgend eine Liste mit den wichtigsten Lebensmitteln. Sie zeigt, wie sich deren Wirkung optimal nutzen lässt und wie sich gesundheitsschädigende Effekte beim Essen vermeiden lassen.

In hoch belastenden Lebenssituationen ist es besonders wichtig, auf eine gesunde Ernährung zu achten. Es kostet schon viel Energie, belastende Ereignisse zu verarbeiten, eine ungesunde Ernährung bedeutet eine zusätzliche Schwächung. Das gilt besonders für das Trinken: Achten Sie bewusst auf eine ausreichende Flüssigkeitszufuhr (ca. zwei Liter täglich, Kaffee ausgenommen).

20 Tipps, wie Sie durch ein gesundes Essen die natürlichen Selbstheilungsprozesse des Körpers optimal und effektiv unterstützen können.

Alle Tipps sind praxiserprobt und alltagstauglich. Kleiner Aufwand, große Wirkung. Wenn Sie sich nach diesen 20 goldenen Regeln richten, stärken Sie Ihr Immunsystem und Ihr Wohlbefinden.

1. Obst und Gemüse: fünf Portionen am Tag

Der wirksamste Rundum-Schutz: 600 g Obst und Gemüse enthalten die optimale Tagesdosis natürlicher Krebs-Stopper, senken das Tumorrisiko um 30 Prozent. Fünf Portionen über den Tag verteilt essen. Das entspricht z.B. zwei Äpfeln, 100 g Salat, einem Glas Obstsaft und drei Tomaten. Aber: Strikt vegetarisches oder veganes Essen ist grundsätzlich nicht ausreichend und kann nur unter ärztlicher Kontrolle gesundheitsförderlich eingesetzt werden; dasselbe gilt für jede Form von Diät, Hunger- oder Fastenkur.

2. Reis und Nudeln: nie nach 20 Uhr

Keine Chance für geheime Dick-Macher: Nudeln, Kartoffeln und Reis sollte man abends streichen. Sie haben einen hohen glykämischen Index (GI).

Folge: Der Körper produziert mehr Insulin, Kohlenhydrate werden in Fett umgewandelt. Nach 20 Uhr lieber Vollkornprodukte essen.

3. Gegrilltes immer mit Senf
Krebs-Risiko entschärfen: Auf einem gegrilltem Steak entsteht soviel Krebs erregendes Benzapyren wie im Rauch von 100 Zigaretten. Doch es gibt ein Gegenmittel: Senf. Gegrilltes Fleisch oder Würstchen sollten mit viel Senf gegessen werden. Denn Senföle neutralisieren die Krebsauslöser im Fleisch. Im Übrigen gilt: Möglichst viel mit frischen Kräutern würzen und möglichst wenig mit Salz.

4. Braten: bitte mit Brokkoli
Die besten Fett-Verbrenner: Zu fetthaltigem Braten (Ente, Gans, Schwein) am besten Brokkoli als Beilage essen. Darin enthaltene Fatburner (Vitamin C, Kalzium) verhindern, dass sich umgewandeltes Bratenfett im Körper einlagern kann. »Fettfresser« sind auch Chicorée, Kohl, Zwiebeln.

5. Joghurt: ein Becher vorm Zubettgehen
Idealer Schlankmacher: Mit einem Becher Joghurt kann man über Nacht ein Pfund verlieren. Bedingung: Man gibt Zitronensaft oder einen anderen Vitamin-C-Lieferanten dazu – die Kombination aus Eiweiß und Vitamin C erhöht die Bildung von Schlankhormonen. Zwei Stunden vorm Zubettgehen essen. Im Notfall können Sie sich auch einmal mit Ascorbinsäure aus der Apotheke aushelfen, wenn Sie keinen anderen Lieferanten für Vitamin C zu Hand haben, aber grundsätzlich sollten Sie weitgehend auf künstli-

che Nahrungsergänzungsmittel verzichten, denn die nutzen ausschließlich dem Hersteller und nicht Ihrer Gesundheit!

6. Nudeln: solo machen sie müde

Die Wachmacher: Nudeln und Brot auf leerem Magen machen genauso schläfrig wie drei Gläser Rotwein. Diese Lebensmittel deshalb immer mit Proteinen wie Milch oder Käse kombinieren. Das fördert Energie und geistige Wachsamkeit. Die besten Duos: Eier/Brot und Pasta/Hähnchen.

7. Paprika: Fleischesser brauchen mehr

Das Nerven-Vitamin – Kotelette ohne Paprika: das kann zu Nervosität führen. Grund: 70 Prozent der Fleischesser fehlt Vitamin B6 – das hängt mit dem Überangebot an tierischem Eiweiß im Körper zusammen. Vitamin B6-haltige Lebensmittel (Paprika, Blumenkohl) zweimal die Woche als Beilage.

8. Salat: am besten mit Mozzarella

Das Immun-Wunder: Mozzarella, Tunfisch oder Eier – wer nur eine dieser Zutaten in den Salat gibt, verbessert seine Immunwerte um bis zu 30 Prozent. Grund: Ihr Vitamin B12 wirkt als Katalysator für die Folsäure im Salat und das verstärkt den Immunschutz. Zweimal pro Woche essen.

9. Nachspeisen: am besten mit Ingwer

Der Hirn-Schützer: eine Prise Ingwer auf Eis, Torten oder Desserts – und das Schlaganfallrisiko sinkt um 10 Prozent. Erklärung: Sein Gingerol wirkt chemisch wie Aspirin – er verhindert, dass sich Blutplättchen verklumpen, hält die Adern frei. Ingwer lässt sich auch mit Fleisch kombinieren.

10. Rosinen: zweimal die Woche

Die Herz-Fitmacher: Rosinen haben sich jetzt als potente Gefäßschützer erwiesen. Denn getrocknet enthalten Trauben am meisten von ihrem Superstoff – den herzstärkenden Flavonoiden. Dreimal die Woche Studentenfutter knabbern – Vitamin E in Nüssen verstärkt den Herzschutz-Effekt.

11. Milch: je später desto besser

Die Knochen-Versicherung: Wer abends ein Glas Milch trinkt, schließt eine Lebensversicherung für seine Gelenke ab. Denn über Nacht kann der Körper das die Knochen stärkende Kalzium besser einlagern als morgens. Milch nach 21 Uhr trinken. Nebeneffekt: Milcheiweiß hilft beim Einschlafen.

12. Erbsen: immer zu Fleischgerichten

Die Cholesterin-Entschärfer: Erbsen als Beilage neutralisieren Cholesterin in Fleisch und Butter. Begründung: Das Gemüse ist prallvoll mit Folsäure – der wirksamsten Substanz gegen herzschädigendes Cholesterin. Nur frische oder schockgefrostete Erbsen verwenden; auch hier gilt: frische Lebensmittel, so schnell wie möglich verzehrt, sind besser als tiefgefrorene – tiefgefrorene oder getrocknete Lebensmittel sind besser als Eingemachtes im Glas – und die sind besser als jedes in Dosen konservierte Lebensmittel.

13. Säfte: nie zum Essen trinken

Die Stress-Falle: Säfte zum Essen stressen uns mehr als Streit. Grund: Saftenzyme stören die Verdauung, die Nahrung bleibt dreimal länger im Körper. Folge: Völlegefühl, Immunschwäche. Zu Mahlzeiten nie Apfel- oder Orangensaft trinken. Optimal: eine halbe Stunde vor oder eine Stunde nach dem Essen.

14. Tütensuppe: immer mit Petersilie

Der Suppen-Verbesserer: Gemüse in Instant-Suppen besitzt nur noch ein Zehntel seines ursprünglichen Nährwerts. Entschärfer: frische Petersilie dazu. Das liefert alles, was der Körper braucht: Kalium, Enzyme, Vitamine. Zum Schluss übers Gericht, so wirken die Vitalstoffe am besten. Grundsätzlich aber: so wenig Fertig- und Halbfertigprodukte wie möglich, und so viel frische, regionale Grundnahrungsmittel wie möglich.

15. Orangen: mit Nüssen kombinieren

Die Waffe gegen Infekte: Erdnüsse und Orangen schaffen gemeinsam, was einer Frucht allein nicht gelingt – optimaler Erkältungsschutz. Grund: Vitamin C (Orange) und E (Nuss) verstärken sich gegenseitig. Saft von drei Orangen, dazu eine Hand voll Nüsse – einmal täglich als Vorbeugung.

16. Ketchup: ein echter Wunderstoff

Das Anti-Krebs-Mittel: Ausgerechnet Ketchup hat sich als Top-Waffe gegen Krebs entpuppt: Der Krebsstopper Lycopin steckt darin viermal konzentrierter als in rohen Tomaten – und das senkt das Magenkrebsrisiko um bis zu 58 %. Etwas Öl zum Ketchup macht Lycopin besser verwertbar.

17. Olivenöl: am besten täglich
Der geniale Risiko-Senker: So einfach kann Gesundheit sein, denn wer täglich Olivenöl zu sich nimmt, senkt das Risiko für Herz-Kreislauf-Erkrankungen um 30 Prozent. Grund: Die kostbaren Omega-3-Fettsäuren des Öls senken den Blutdruck, halten die Zellen elastisch. Zwei EL täglich genügen.

18. Apfel: immer nach dem Mittagessen
Das Konzentrations-Wunder: Zwischen 14 und 16 Uhr entfaltet der Apfel den entscheidenden Kick fürs Gehirn. Warum? Sein Spitzengehalt an Bor beeinflusst die Aktivität des Gehirns – und wirkt dem berüchtigten »Suppen-Koma« (Mittagstief) entgegen. Am meisten von dem »Treibstoff« steckt in roten Äpfeln.

19. Müsli: unbedingt mit Zitronensaft
Der Energie-Trick: Erst durch Zitronensaft wird Müsli zur geballten Ladung Gesundheit. Grund: durch Vitamin C kann der Körper das Eisen aus Haferflocken optimal verwerten. Das sorgt für Langzeit-Energie (bis zu 4 Stunden) und beugt so Müdigkeit vor. Alternativ zum Saft: Obst (Orange, Apfel) nehmen.

20. Kaffee: nie ohne ein Glas Wasser
Der Koffein-Entschärfer: Nach drei Tassen Kaffee ist der Wasser- und Mineralstoffhaushalt im Körper so gestört, als hätte man sechs Stunden nichts getrunken. Folge: Konzentrationsschwäche. Erklärung: Kaffee entzieht den Körperzellen Feuchtigkeit. Zu jeder Tasse ein Glas Wasser trinken.

Letzter Tipp:
»Power-Lunch«: Um den Körper in eine optimale Leistungsbereitschaft zu versetzen hilft eine Kombination aus Reis, Fisch und Kaffee. Kaffee entweder schwarz getrunken oder mit Milch. Auf Zucker verzichten. Statt Kaffee kann auch grüner Tee getrunken werden.

Symptomspezifische Tipps und Techniken

Der erste Schritt: Abstand und Ruhe - Mit Geduld zum Ziel!

> Ruhe und Sicherheit findest du dort, wo du der Stille lauschen kannst.
> *Japanisches Haiku*

Erster und wichtigster Schritt zur Verarbeitung des Ereignisses ist, Abstand zu dem Ereignis zu gewinnen und sich zu beruhigen. Nur mit einem Minimum an innerer Stabilität, Ruhe und Abstand von dem Ereignis kann die Verarbeitung eingeleitet und unterstützt werden.

Generell gilt: Es gibt kein Patentrezept für die Verarbeitung, es gibt aber einen natürlichen Selbstheilungsverlauf. Lassen Sie sich Zeit. Traumatische Ereignisse werden nicht in wenigen Tagen bewältigt.

Abstand

Unmittelbar nach dem traumatischen Ereignis sollten Sie sich so schnell wie möglich vom Tat- oder Unfallort entfernen. Vielen Betroffenen hat es sehr geholfen, sich auch für ein paar Tage von dem Ereignisort fern zu halten. Hier gilt in den meisten Fällen nicht: »Wer vom Pferd gefallen ist, sollte so schnell wie möglich wieder aufsitzen!« Wenn Sie das Bedürfnis verspüren, so schnell wie möglich wieder arbeiten zu gehen (z.B. um sich abzulenken), dann sollten Sie das auch tun. Verspüren Sie aber Ängste, zum Arbeitsplatz zurück zu kehren, oder spüren Sie, dass Sie psychisch den Arbeitsanforderungen direkt nach dem Ereignis nicht standhalten können, dann reden Sie offen mit Ihrem Vorgesetzten und bitten Sie ihn um ein paar Tage »Auszeit«.

Auch in den folgenden Tagen sollten Sie sich zu nichts zwingen, von dem Sie oder andere meinen, das müssten Sie zur Bewältigung des Ganzen tun.

Reden ist nicht immer förderlich! Für viele Betroffene ist das Gespräch mit einer anderen Person über das Ereignis sehr erleichternd. Suchen Sie sich dann möglichst eine oder wenige Vertrauenspersonen, die nicht von dem gleichen Ereignis erschüttert wurden.

Für andere Betroffene ist das Reden über das Ereignis unmittelbar danach zu schmerzlich, zu aufregend, zu verwirrend. Das heißt, es ist noch zu früh für sie, darüber zu reden. Besonders unmittelbar nach dem

Ereignis kann es auch zu einer Sprachlosigkeit kommen. Die Betroffenen finden tatsächlich keine Worte für das, was ihnen geschehen ist, sie sind sozusagen »sprachlos vor Schrecken«. Auch das ist nicht ungewöhnlich und kann mit einer Reizüberflutung im Gehirn erklärt werden.

> Der Langsamste,
> der sein Ziel nicht aus den Augen verliert,
> geht immer noch geschwinder als der,
> der ohne Ziel herum irrt.
> *Gotthold Ephraim Lessing*

Abstand von dem Ereignis zu gewinnen, heißt auch, sich abzulenken. Suchen Sie für sich eine Möglichkeit, wie sie sich ablenken können (Sport, Lesen, Fernseher, Musik, Freunde, Garten etc.). Das hat nichts damit zu tun, dass sie das Ereignis komplett verdrängen.

Beruhigung

Durch das traumatische Ereignis ist Ihr Körper auf Kämpfen oder Fliehen mobilisiert worden. Diese Übererregung klingt nur langsam ab. Versuchen Sie alle Techniken, die Sie bisher in belastenden Situationen eingesetzt haben, um sich zu beruhigen. Wenn Sie ein Entspannungsverfahren (z.B. Autogenes Training, Progressive Muskelrelaxation, Yoga, Meditationsverfahren o.ä.) gelernt haben, nutzen Sie diese Techniken, um sich zu beruhigen.

Wir alle haben bestimmte »Alltagstechniken«, um uns etwas zu entspannen: Lesen, Musik, ein heißes Bad, spazieren gehen etc. Diese können Sie jetzt gezielt einsetzen.

Mit der folgenden Übung zur Achtsamkeit können Sie ebenfalls Entspannung und Beruhigung erlangen.

Die Achtsamkeitsübung kann erweitert werden. Die einzelnen Körperregionen können dabei mit einbezogen werden. Ähnlich wie bei Entspannungsübungen (»Muskuläre Tiefenrelaxation« oder »Progressive Muskelrelaxation – PMR« nach Jakobson oder »Autogenes Training«) können die einzelnen Körperbestandteile in einen beruhigten und entspannten Zustand gebracht werden.

Die achtsame Wahrnehmung des Körpers hat neben der beruhigenden und stärkenden Funktion aber auch die Funktion, dass Körpersignale besser wahrgenommen werden. Das ist zwar nicht immer erfreulich für

Anleitung zur »Achtsamkeits-Übung«

- Bitte suchen Sie für sich eine angenehme Körperhaltung (im Liegen oder Sitzen).
- Spüren Sie erst einmal, wie Ihr Körper Kontakt mit dem Boden oder mit dem Stuhl hat. Spüren Sie erst einmal, wie Ihre Füße Kontakt mit dem Boden haben und wo Ihre Arme aufliegen. Erspüren Sie den Kontakt mit den Füßen und mit den Armen.
- Als nächstes bitte ich Sie wahrzunehmen, dass Ihr Körper atmet und dass er dabei Bewegungen macht: Ihr Brustkorb und Ihr Bauch heben sich sanft auf und nieder. Spüren Sie, wie sich der Brustkorb und die Bauchdecke auf und nieder senken.
  Zählen Sie beim Ein- und Ausatmen mit: 1, 2, 3 beim Einatmen und 1, 2, 3, 4 beim Ausatmen. Achten Sie darauf, dass Sie langsam und lang gezogen ausatmen.
  Beobachten Sie, was beim Atmen passiert: Die Nasenflügel bewegen sich, der Brustkorb, der Bauch hebt und senkt sich ...
- Beenden Sie die Übung, indem Sie wieder bewusst wahrnehmen, dass Ihr Körper Kontakt mit dem Boden oder dem Stuhl hat.
- Kehren Sie dann wieder mit Ihrer Aufmerksamkeit bewusst in den Raum zurück.

Dies ist eine sehr kurze und einfache Übung zur Achtsamkeit. Wir empfehlen Sie vor jeder weiter unten folgenden Übung als Einleitung zu benutzen. Es beruhigt und bringt den Betroffenen in einen minimalen Entspannungszustand, der für weitere imaginative Techniken förderlich ist.

den Betroffenen, aber Körpersignale haben eine wesentliche Signalfunktion: Nur indem wir das Signal erkennen, können wir die Ursachen zurückverfolgen und bearbeiten. Eine reine Symptombehandlung hilft hier wenig und führt meist zu einer Symptomverschiebung (das Symptom wird behandelt, da aber die Ursache nicht behandelt worden ist, stellen sich andere Symptome ein; ein Kreislauf, der nur durch eine Ursachenbehandlung behoben werden kann).

Es kann sein, dass Sie die Körpersignale erschrecken und Sie sich davor fürchten, die Achtsamkeitsübung zu machen. Zwingen Sie sich nicht dazu. Vielleicht ist es einfach noch zu früh dafür. Vertrauen Sie auf Ihre eigenen Selbstheilungskräfte.

Wenn Ihnen diese Achtsamkeitsübungen nicht gut tun, lassen Sie sie sein und verfolgen weiter das erste Ziel: Ruhe und Abstand von dem Ereignis.

Anleitung zur »Erweiterten Achtsamkeit-Übung«

Jetzt lade ich Sie ein, mit der Aufmerksamkeit durch den Körper zu gehen. Sie können, wenn Sie wollen, sich vorstellen, dass diese Achtsamkeit wie eine Körperberührung ist.

- Beginnen Sie beim Scheitel. Nehmen Sie die Scheitelregion achtsam wahr. Registrieren Sie, was dort zu spüren ist. Fühlt sich das angenehm oder unangenehm an? Ist es eher kalt oder warm? Oder ist dort eigentlich gar nichts zu spüren? Wenn Sie diese Übung zum ersten Mal machen, ist es vielleicht einfacher, nur außen zu spüren, ansonsten können Sie versuchen, außen und innen zu spüren.
- Lenken Sie Ihre Aufmerksamkeit dann zum Hinterkopf. Nehmen Sie ihn und was Sie dort spüren wahr.
- Gehen Sie dann weiter mit Ihrer Aufmerksamkeit zu den Ohren,
- zur Stirn,
- zu den Augen.
- Nehmen Sie achtsam Ihre Wangen wahr,
- die Nase,
- den Mund
- und die Region zwischen Nase und Mund,
- das Kinn.
- Nehmen Sie den Hals und den Nacken achtsam wahr.
- Gehen Sie dann mit der Aufmerksamkeit zu den Schultern. Nehmen Sie die Schultern wahr,
- die Oberarme,
- die Unterarme,
- die Hände.
- Nehmen Sie Arme und Hände noch mal als Ganzes wahr, von der Schulter zu den Fingerspitzen.
- Und jetzt nehmen Sie den Rumpf wahr, zunächst den Rücken vom Nackenwirbel bis zum Steißbein,
- dann den vorderen Teil des Rumpfes, zunächst den Brustbereich.
- Nehmen Sie dann den Bauchbereich wahr,
- dann den Beckenbereich.
- Gehen Sie jetzt mit Ihrer Aufmerksamkeit zu den Beinen, zunächst zu den Oberschenkeln.
- Dann nehmen Sie Ihre Knie achtsam wahr,
- die Unterschenkel,
- die Füße.
- Und dann nehmen Sie noch mal die Füße und Beine als Ganzes wahr, von den Hüftgelenken zu den Zehenspitzen.
- Wir schließen die Übung ab, indem wir uns vorstellen, dass wir durch den Scheitel einatmen und dass der Atem den Körper durch die Füße verlässt.
- Kommen Sie dann mit der vollen Aufmerksamkeit zurück in den Raum.

Alles, was Ihnen gut tut, nehmen Sie wahr, und alles, was Ihnen nicht gut tut, lassen Sie sein. Es gibt keine allgemein gültige Geschwindigkeit für die Verarbeitung!

Ich wollte, man finge damit an,
sich selbst zu achten.
Alles andere folgt daraus.
Friedrich Nietzsche

Falls Ihnen diese Übung gut getan hat, versuchen Sie doch einmal die erweiterte Achtsamkeitsübung. Trainieren sie diese über mehrere Wochen regelmäßig (am besten täglich).

Manchen Betroffenen hat es geholfen, diese (oder auch andere) Instruktionen auf eine Kassette aufzunehmen (langsamer gesprochen als im normalen Dialog) und sich beim Abspielen selber anzuleiten. Die Richtung der Achtsamkeit wird hier deutlich: Kopf, Gesicht, Schultern, Arme, Brust, Bauch, Becken, Beine, Füße; also von oben nach unten. Wenn Sie eine andere Richtung bevorzugen, nehmen Sie diese. Wichtig ist, den Körper detailliert wahrzunehmen. ... Und nicht zuletzt die Wirkung dieser Übung!

Achtsamkeit ist Gegenwärtigkeit. Wenn Sie mögen, laden wir Sie gerne zu einer weiteren Übung ein, der »Achtsamkeitsübung Atmen«.

Anleitung zur »Achtsamkeitsübung Atmen«

In der Tradition des Zen sind Poesie und Meditation immer miteinander verbunden. Poesie besteht aus Bildern und Musik, und Bilder vereinfachen die Übung. Hier nun ist eine Übung, die Ihnen bei der Schulung der Achtsamkeit helfen kann:

Einatmend weiß ich, dass ich einatme.
Ausatmend weiß ich, dass ich ausatme.
Ein / aus.

Einatmend sehe ich mich selbst als Blume.
Ausatmend fühle ich mich frisch.
Blume / frisch.

Einatmend sehe ich mich selbst als Berg.
Ausatmend fühle ich mich unerschütterlich.
Berg / unerschütterlich.

Einatmend sehe ich mich selbst als ruhiges Wasser.
Ausatmend sehe ich die Dinge wieder, wie sie sind.
Wasser / widerspiegeln.

Einatmend sehe ich mich selbst als weiten Raum.
Ausatmend fühle ich mich frei.
Raum / frei.

Alles zu seiner Zeit

Ein in Meditation erfahrener Mann wurde einmal gefragt, warum er trotz seiner vielen Beschäftigungen immer so gesammelt sein könne.

Er sagte:
wenn ich stehe, dann stehe ich
wenn ich gehe, dann gehe ich
wenn ich sitze, dann sitze ich
wenn ich esse, dann esse ich
wenn ich spreche, dann spreche ich...

Da fielen ihm die Fragesteller ins Wort und sagten: Das tun wir auch, aber was machst du darüber hinaus?

Er sagte wiederum:
wenn ich stehe, dann stehe ich
wenn ich gehe, dann gehe ich
wenn ich sitze, dann sitze ich
wenn ich esse, dann esse ich
wenn ich spreche, dann spreche ich...

Wieder sagten die Leute: Das tun wir doch auch. Er aber sagte zu ihnen:
Nein,
wenn ihr sitzt, dann steht ihr schon
wenn ihr steht, dann lauft ihr schon,
wenn ihr lauft,
dann seid ihr schon am Ziel ...

aus dem Zen-Buddhismus

Erinnerungsattacken (Intrusionen): »Kopf-Kino« und Erstarrungsbilder

Die schrecklichen Bilder im Kopf kommen ständig wieder ...

Intrusion ist ein Begriff, den Psychologen vor langer Zeit von den Geologen übernommen haben. Geologen sind Wissenschaftler, die sich mit der Entwicklungsgeschichte und dem Aufbau der Erde beschäftigen. Ursprünglich versteht man unter intrudieren »eindringen«; gemeint ist damit das Schmelzen von Gestein. Es ist der Vorgang, bei dem Magma zwischen die Gesteine der Erdkruste eindringt und erstarrt. Magma ist die heiße natürliche Gesteinsschmelze im oder aus dem Erdinnern, aus der die Erstarrungsgesteine entstehen. Intrusiv heißt »durch Intrusionen entstanden«.

Im psychologischen Sinne sind Intrusionen:
von außen eingedrungene und tief in das Gedächtnis und Bewusstsein eingebrannte und darin erstarrte Erinnerungsbilder.

Menschen nach belastenden Ereignissen werden durch die Intrusionen ungewollt an das schreckliche Erlebte gebunden. Diese Gebundenheit zeigt sich in unterschiedlichsten Sinneseindrücken: Bilder, Geräusche, Gerüche oder andere lebhafte Körpereindrücke. Für die Betroffenen ist es so, als geschehe alles gerade noch einmal. Die lebhaften und belastenden

Eindrücke dringen sowohl in den wachen Bewusstseinszustand als auch in den Schlaf ein. Das drückt der Zürcher Traumaspezialist Andreas Maercker in einem seiner Bücher so aus: »Oftmals kommt es zu einem subjektiv erlebten Überflutungszustand durch diese inneren Bilder. Die Erinnerungen und Bilder erscheinen häufiger, als der Betroffene es vertragen kann, was zu einem Belastungsgefühl führt. Im Traum tauchen die Erlebnisse in verschiedenen Formen auf. Das Spektrum reicht dabei von Wiederholungen in Träumen in sehr realistischer Form bis hin zu Verzerrungen des Erlebten in den Albträumen«.

Intrusionen können über alle sieben Sinne des Menschen aufgenommen werden. Da die menschliche Wahrnehmung ein äußerst komplexer Vorgang ist, der nach streng festgelegten Regeln und Gesetzen verläuft, spricht man wissenschaftlich nicht nur von Sinnen, sondern von Sinn- und/oder Wahrnehmungssystemen.

> »Das menschliche Hirn ist eine großartige Sache. Es funktioniert vom Augenblick der Geburt bis zu dem Zeitpunkt, wo du aufstehst, um eine Rede zu halten.«
> *Mark Twain*

Wir Menschen denken zu etwa 90 Prozent in Bildern, Klängen und Gefühlen. Es ist nicht möglich, nicht in Bildern zu denken. Wenn Sie jetzt lesen: »Bitte denken Sie nicht an ein Känguru!« Welches Bild ist dann soeben vor Ihrem inneren Auge entstanden? Mal ganz ehrlich?

Jeder Mensch hat eine ganz natürliche seelische Befindlichkeit, die abhängig ist von der individuellen Tagesform, von Menschen und Situationen und natürlich auch von persönlichen Erfahrungen und Erwartungen. Diese Befindlichkeit wird ständig beeinflusst und erneuert und kann auch Enttäuschungen und Verletzungen unterliegen. Das Verhalten und Handeln eines Menschen wird im Wesentlichen durch seine Wahrnehmung bestimmt. Da Wahrnehmungen immer subjektiv und selektiv sind und nicht objektiv, werden auch zwischenmenschliche Erfahrungen ganz individuell und subjektiv wahrgenommen. Wie und was ein Mensch wahrnimmt, hängt in erster Linie von seinen Erfahrungen und Erwartungen, Wünschen und Bedürfnissen ab. Weil die Wahrnehmung wesentlich das Verhalten eines Menschen bestimmt, ist es wichtig zu bedenken, wie eine konkrete Situation erlebt und subjektiv wahrgenommen wird. Die Situation ist so, wie sie ein Mensch erlebt und nicht wie andere und

1. Sehen (visuelles System)
2. Hören (akustisches System)
3. Riechen (olfaktorisches System)
4. Schmecken (gustatorisches System)
5. Fühlen (taktiles System)
6. Gleichgewicht (vestibuläres System)
7. Tiefen-/Selbstwahrnehmung (propriozeptives System)

Außenstehende möglicherweise darüber denken.

Einfach ausgedrückt bedeutet Wahrnehmung den Vorgang, bei dem Reize aus dem eigenen Körper oder Reize aus der Umwelt aufgenommen und verarbeitet werden. Man unterscheidet demnach eine innere und eine äußere Wahrnehmung und den Bereich der Fantasie. Die Fantasie ist ein sehr wichtiger Bestandteil der menschlichen Wahrnehmung. Das menschliche Gehirn kann oft nicht unterscheiden, ob ein Mensch eine Situation tatsächlich erlebt oder ob er sich diese Situation nur in seiner Fantasie vorstellt. Für das Gehirn macht es keinen Unterschied. Das ist besonders wichtig für eine Vielzahl von Entspannungs- und Distanzierungstechniken, denn alle diese Techniken machen sich die menschliche Fantasie zunutze und sind eine äußerst hilfreiche Unterstützung bei der Bewältigung von belastenden Ereignissen.

Durch die Wahrnehmung bekommen wir Zugang zu uns selbst und zu der Welt, die uns umgibt. Die Wahrnehmung ordnet die unterschiedlichsten Reize und fügt sie zu einer sinnvollen Einheit zusammen. Auch unsere Gefühle werden von der Wahrnehmung bestimmt.

Die Aufgabe der Wahrnehmung ist es, aus der Vielzahl aller wahrnehmbaren Reize eine Auswahl zu treffen, diese ausgewählten Reize und Empfindungen zu organisieren und sie am Ende zu interpretieren, um danach mehr Informationen zu suchen. Informationen sind sehr wichtig für die Wahrnehmung.

Wahrnehmung macht uns lebensfähig, weil sie uns hilft zu unterscheiden, was lebensnotwendig ist und was völlig unwichtig ist. Wir müssen nicht bewusst wahrnehmen wie viele Treppen wir im Flur hinaufgehen, wichtig ist aber wahrzunehmen, wo Gefahren lauern. Dadurch schlüsseln wir die Welt auf und erkennen ihre Beschaffenheit und Verhältnisse. Wir finden uns in der Welt zurecht.

Die Wahrnehmung eines Menschen ist immer abhängig von allen wichtigen, gegenwärtigen und vergangenen, dem Menschen zugänglichen Informationen. Das heißt, auch die Art und Weise, wie wir über uns und unsere Zukunft denken, bestimmt in großen Teilen unser Wohlbefinden.

Freue ich mich auf die Zukunft oder habe ich Angst, vielleicht sogar Katastrophenfantasien? Die Gedanken bestimmen das körperliche Wohlbefinden mit. Welche Gedanken gehen mir morgens zuerst durch den Kopf, nachdem ich aufwache? Denke ich an die viele Arbeit, die auf mich wartet, anstrengende und nicht willkommene Menschen oder/und andere und unangenehme Dinge? Dann kann ich innerhalb weniger Sekunden drei Tonnen wiegen und keinen Weg aus dem Bett finden. Oder denke ich, dass der Tag zwar anstrengend und beschwerlich wird, suche mir aber einen Orientierungspunkt, etwas, auf das ich mich freuen kann, und wenn es nur eine Kleinigkeit ist.

Menschen in und nach belastenden Lebenssituationen sind in ihrer Wahrnehmungsfähigkeit eingeschränkt. Das gilt zum einen für ihre innere Wahrnehmung einschließlich ihrer Fantasie und zum anderen auch für ihre äußere und soziale Wahrnehmung. Hierzu zählen in erster Linie Menschen und Situationen. Ein Mensch, der beispielsweise Opfer eines Banküberfalls geworden ist, hat in der Folgezeit reale Ängste, d.h. Angst davor, das Ganze könnte noch einmal passieren. Weiterhin fühlt er sich unsicher und ist anderen Menschen gegenüber sehr misstrauisch. Diese Reaktionen sind wichtig, weil sie lebensnotwendig sind. Es ist eine Art Alarmreaktion, der Mensch ist hellwach, kann unter Umständen auch nicht schlafen und passt auf, dass es nicht zu weiteren Bedrohungen kommt. Stellt sich ein Gefühl von Vertrauen und Sicherheit nach einigen Wochen wieder ein, normalisiert sich die Wahrnehmung wieder. Wahrnehmung schützt vor Verletzungen und Angriffen. Das ist eine ganz alte Information in unserem Gehirn, aus der Zeit, als Menschen noch von Säbelzahntigern bedroht und angegriffen wurden. Hat ein Mensch erst einmal einen solchen Angriff erlebt und überstanden, zuckt er bei jedem knackenden Ästchen gleich zusammen und ist in absoluter Alarmbereitschaft, um die möglicherweise neue Situation sofort zu bewältigen. Nach einer Weile tritt dann wieder Erholung und Ruhe ein.

Die Wahrnehmung ist ein Prozess, der in verschiedenen Phasen abläuft:
- Auswahl und Aufnahme von Sinnesreizen
- Organisation der aufgenommenen Reize
- Betonung und Hervorhebung einzelner Wahrnehmungsinhalte
- Fixierung und Interpretation des wichtigsten Reizes und Reaktion darauf

Es gibt schöne und belastende Intrusionen. Ein Beispiel für schöne Intrusionen: Hören wir eine bestimmte Musik, kann sie uns an einen wunderschönen Abend mit einem lieben Menschen erinnern.

Intrusionen nach traumatischen Ereignissen sind negative und äußerst belastende Erinnerungsbilder; es sind bedrohliche Nachhallerinnerungen von dem Ereignis. Sie äußern sich in plötzlich auftretenden, blitzlichtartigen Erinnerungen (sogenannten Flashbacks) in Form von Bildern, Geräuschen, Gerüchen oder Körperempfindungen. Nicht selten spielen sich ganze Szenen oder auch der ganze Film des traumatischen Ereignisses im Kopf nochmals ab. Besonders belastend ist, dass diese intrusiven Erinnerungen mit der gleichen Intensität wiedererlebt werden, wie in der traumatischen Situation selbst. Diese traumatischen Erinnerungen kommen zu verschiedenen Tages- und Nachtzeiten. Häufig lösen äußere Reize aus der Umwelt diese Intrusionen aus, z.B. eine Person mit Motorradhelm (wenn der Täter ein Motorradhelm als Maskierung trug), das Geräusch einer zuschlagenden Tür, große und dunkel gekleidete Männer, Bremsenquietschen auf der Straße etc. Andererseits erscheinen diese Nachhallerinnerungen auch zu Zeiten, in denen keine erklärbaren Auslösereize zu erkennen sind, also »urplötzlich«. Das ist sehr belastend für die Betroffenen, denn sie wissen nie, wann die Schreckensbilder wieder auftreten.

Häufig berichten auch die Betroffenen, dass diese traumatischen Erinnerungen kurz vor dem Einschlafen auftreten, sie aufschrecken lassen und sie daran hindern, einzuschlafen. Das kann soweit gehen, dass die Betroffenen sich vor dem Schlafengehen an sich fürchten, weil sie diese schrecklichen Bilder vermeiden wollen. Oder sie können in den ersten Tagen nur mit Licht, laufendem Fernseher etc. einschlafen.

Alle Formen von Intrusionen sind für die Betroffenen sehr unangenehm! Die plötzlich auftretenden Bilder, Geräusche etc. werden gleichzeitig von intensiven Gefühlen der Bedrohung und Hilflosigkeit begleitet. Meistens müssen die Betroffenen dann die gerade durchgeführte Handlung unterbrechen, sie zittern und müssen sich setzen. Und es dauert eine Zeit lang, bis sie sich wieder beruhigt haben.

Sehr starke Intrusionen können bis zu sogenannten Retraumatisierungen (also einer erneuten Traumatisierung) gehen: Die Betroffenen erleben das komplette traumatische Ereignis erneut und mit der gleichen Intensität. So wie in der traumatischen Situation erleben die Betroffenen auch bei diesen Flashbacks den totalen Verlust der Kontrolle und den Zustand völliger Hilflosigkeit. Die begleitenden Gefühle können bis zu panischen Angstattacken und Todesängsten gehen.

Flashbacks werden hauptsächlich durch starke tat- bzw. unfallähnliche Reize ausgelöst wie z.B. Tätergegenüberstellungen oder Fotoidentifizierungen der Täter bei der Polizei, Berichte und Bilder in Fernsehen und Zeitungen, aber auch täterähnliche Personen auf der Straße, der Anblick von Waffen oder detaillierte (Erlebnis-)Berichte von Mitbetroffenen und anderen Personen.

Es ist für die Betroffenen kaum möglich, sich nach einem Flashback schnell wieder zu beruhigen. Meistens ist »der Tag gelaufen«.

Rational und willentlich sind Flashbacks nicht zu kontrollieren: Auch wenn es »nur« ein Film im Kopf war, die Erlebnisqualität war genauso schrecklich wie das Ereignis an sich.

Oftmals kommt die oben erwähnte Unfähigkeit hinzu, das Erlebte und »Wieder-Erlebte« sprachlich auszudrücken, so dass nahestehende Personen, Kollegen oder der Arbeitgeber oft nicht wissen (können), was mit den Betroffenen los ist. Unverständnis und Distanzierung auf beiden Seiten verschärft die leidvolle Situation des Betroffenen.

Albträume sind eine weitere, hoch belastende Form der Wiedererinnerung. Die Betroffenen schrecken schweißgebadet, mit Herzklopfen und Pulsrasen aus dem Albtraum auf. Es dauert eine Zeit lang, bis sie wieder einigermaßen zur Ruhe kommen. Häufig können die Betroffenen nicht wieder einschlafen oder fürchten sich sogar vor dem Wiedereinschlafen, weil sie einen erneuten Albtraum befürchten.

Das Stichwort heißt: Den Traumafilm stoppen!

Zur Selbsthilfe gilt generell: In der ersten Zeit nach dem Ereignis sollten jegliche Bilder, Szenen, Filme oder Geräusche, Gerüche und Körperempfindungen (also Intrusionen), die »hochkommen«, gestoppt werden! Versuchen Sie alle Ablenkungsmanöver, die Sie bei sich kennen (z.B. fernsehen, spazieren gehen, Sport, Haushaltstätigkeiten, Musik etc.), um diese »hochkommenden« belastenden Erinnerungen zu stoppen.

Wenn Sie die Bilder, Szenen und Filme von dem Ereignis (»einschießende« Bilder) nicht richtig gestoppt bekommen, versuchen Sie doch einmal die Übung »Den Trauma-Film stoppen«. Sie klappt nicht immer auf Anhieb. Aber mit einiger Übung können Sie damit die Bilder und Filme »verpacken« und sich beruhigen.

Versuchen Sie diese Übung vor allem immer dann, wenn unerwünschte Bilder von dem Geschehen sich Ihnen aufdrängen. Mit etwas Übung können Sie so wieder die Kontrolle über diese Bilder erhalten.

Verleugnung und Vermeidung

Verleugnung und Vermeidung sind ebenfalls typische Traumasymptome, eine Schutzreaktion im Sinne der psychischen Abwehr: Man schützt sich vor weiteren »gefährlichen« Reizen und Stimuli (siehe dazu auch weiter unten).

Meistens handelt es sich um eine Vermeidung von Reizen im Zusammenhang mit dem traumatischen Ereignis: Orte, die dem Ort des traumatischen Ereignisses ähnlich sind (Autobahnen, Banken, Feldwege, Züge etc.), werden vermieden. Aber auch Gespräche oder Gesprächspartner, die mit dem traumatischen Ereignis »verbunden« sind, werden gemieden. Das kann soweit gehen, dass der Betroffene jeglichen Kontakt mit Bekannten,

Anleitung zur Übung »Den Trauma-Film stoppen«

Setzen Sie sich möglichst entspannt hin. Sie haben innerlich einen Bildschirm vor sich und eine Fernbedienung dazu, mit der Sie den Fernseher bedienen können, wie Sie möchten. Sie können damit beispielsweise das Gerät ein- oder ausschalten, es vor- oder zurückspulen. Für diese Übung ist es wichtig, dass Sie sich mit der Taste »Standbild« vertraut machen und sicherstellen, dass sie gut funktioniert.

Schalten Sie nun innerlich das Gerät ein und verlagern Sie eine Szene aus dem Traumafilm, auf den Bildschirm (am Anfang am besten ein Bild, dass Ihnen nicht allzu sehr Angst bereitet!). Halten Sie diese Szene mit Standbild fest. Richten Sie nun Ihre Aufmerksamkeit auf den Rand des Bildschirms. Beobachten Sie, wie das Bild vom Rand her schrumpft, wie es kleiner und immer kleiner wird, bis es nur noch ein kleiner Bildpunkt auf der Mitte des Bildschirmes ist. Jetzt drücken Sie auf die Abschalttaste Ihrer Fernbedienung. Sie können jetzt beobachten, wie der Bildpunkt mit einem Geräusch – zisch und plopp – völlig vom Bildschirm verschwindet.

Sie haben das Bild zugleich auf eine Videokassette gespeichert.

Jetzt gehen Sie zum Videorekorder, holen die Kassette heraus, stecken Sie in eine Videohülle und gehen damit über den Flur, in den Keller und dort bis zum letzten Raum des Kellers. Dort ist ganz hinten ein Regal. Sie stellen die Videokassette in das Regal im letzten Raum des Kellers. Jetzt verlassen Sie wieder den Kellerraum, verlassen den Keller und ziehen die Kellertür hinter sich zu. Achten Sie auf das Geräusch, das beim Zuziehen der Kellertür entsteht. Schließen Sie den Keller ab, gehen in Ihren Wohnraum und verwahren Sie dort den Schlüssel in einer sicheren Schublade.

Wählen Sie danach weitere »Standbilder« aus Ihrem Traumafilm aus und verfahren Sie damit in der gleichen Weise.

Nachbarn, Freunden etc. meidet, um der Frage zu entgehen, wie es ihm geht. Auch kann es sein, dass der Betroffene jede Situation mit unbekannten Personen, die er nicht einzuschätzen vermag, vermeidet (z.B. Einkaufszentren, Straße, öffentliche Verkehrsmittel etc.). Nachdem er während des traumatischen Ereignisses maximale Hilflosigkeit erfahren hat, bevorzugt der Betroffenen jetzt Situationen, die er maximal kontrollieren kann. Und dann bleiben wenige Situationen übrig: die Familie, engste Freunde, »Einzelkämpfer«-Sport (z.B. Jogging, Walking, Skating etc.) und Hobbys, die nicht abhängig von der Teamarbeit mit anderen sind (Malen, Handarbeiten, Basteln, Werken etc.).

Für das Umfeld sieht es so aus, als würde sich der Betroffene »zurückziehen«, »einigeln« und »unzugänglich werden«.

Dieses Vermeidungs- und Verleugnungsverhalten dient in der akuten Phase dazu, alle internen oder externen Reize, die eine »Reinszenierung« des traumatischen Ereignisses verursachen könnten, als Selbstschutz zu vermeiden. Der Organismus ist mit der Verarbeitung einer psychischen Verletzung beschäftigt. Eine unmittelbare, erneute Verletzung aufgrund einer Retraumatisierung versucht der Organismus zu vermeiden, um den Heilungsverlauf nicht zu stören.

Wenn Sie merken, dass Sie Menschen oder Situationen vermeiden oder bestimmten Gesprächen aus dem Weg gehen, dann sollten Sie diesem offensichtlichem Bedürfnis in der frühen Phase nach dem Ereignis auf jedem Fall nachgeben. Sie schützen sich damit vor einer Wiederholung des traumatischen Ereignisses. Hören Sie auf Ihr Gefühl: Wenn Sie feststellen, dass Sie bestimmte Fragen vermeiden möchten oder dass Sie bestimmten Menschen nicht begegnen möchten, dann lassen Sie es. Schutzreaktionen Ihres Körpers sollten Sie ernst nehmen. Vermeiden Sie, was Sie gefühlsmäßig vermeiden wollen und verleugnen Sie, womit Sie sich gefühlsmäßig nicht gerne befassen möchten.

In der ersten Zeit nach dem Ereignis ist dieses Verhalten völlig schutzgerecht und damit gesund.

Wenn Sie Schwierigkeiten haben, gefühlsmäßig zu entscheiden, was Ihnen aktuell gut tut, versuchen Sie es einmal mit der Übung »Weise Frau / Weiser Mann« zu ergründen.

Anleitung zur Übung »Weise Frau / Weiser Mann«

Stellen Sie sich vor, Sie sind eine 500 Jahre alte Frau (bzw. ein 500 Jahre alter Mann), die schon alles, was man sich vorstellen kann, im Leben erlebt und gesehen hat (alles Schöne und natürlich alles Schlimme). Diese weise Frau sitzt nun weit oben auf einer Wolke und blickt hinunter auf die Erde und sieht dort die Situation (Überfall, Unfall ... etc.). Stellen Sie sich jetzt vor, was diese weise Frau aus langjähriger Erfahrung dem Betroffenen raten würde.

Übererregung

Eines der häufigsten Symptome nach belastenden Erfahrungen ist die sogenannte ›Übererregung‹. Sie äußert sich vor allem in Schlafstörungen (Ein- und Durchschlafstörungen, Albträume), gesteigerter Wachsamkeit, Gereiztheit, Schreckhaftigkeit, Unruhe und Nervosität.

> Wir sind versucht, mit uns immer strenger umzugehen als mit anderen! Stellen Sie sich wahlweise vor, Ihrer besten Freundin/Ihrem besten Freund wäre das passiert, was Ihnen passiert ist. Und Ihr ginge es jetzt genauso, wie es Ihnen geht. Was würden Sie Ihrem Freund/Ihrer Freundin raten?
>
> Schreiben Sie es am besten auf! All das, was Sie Ihrem besten Freund/Ihrer besten Freundin raten würden, hilft Ihnen zur Zeit!

Der ganze Körper wird in bedrohlichen Situationen auf Kampf oder Flucht hin mobilisiert; das wird im Kapitel ›Wie verläuft eine psychische Traumatisierung‹ genau vorgestellt. Bevor bewusst wird, was eigentlich passiert, ist der Körper in einen hohen Erregungszustand versetzt, den er für Kampf- oder Fluchthandlungen benötigt (Puls und Herzrate erhöhen sich, die Atmung wird schneller, die Kampf- und Fluchtmuskulatur werden maximal aktiviert usw.). Nur kann man in traumatischen Situationen weder kämpfen noch fliehen. Die hohe Erregung kann damit nicht über Kampf- oder Fluchthandlungen abgebaut werden. Sie steckt sozusagen fest.

Diese Übererregung verspüren die Betroffenen besonders kurz nach dem traumatischen Ereignis: Die Knie sind »weich«, die Beine und Hände zittern etc.

Aber auch Tage und einige Wochen nach dem Ereignis kann diese »feststeckende Erregung« zu den beschriebenen Symptomen führen. **Diese Übererregung baut sich nur langsam wieder ab, aber mit Beruhigungs- und Entspannungstechniken können Sie sich wirkungsvoll unterstützen.**

Jeder Mensch hat Erfahrung mit stressreichen und belastenden Situationen und dadurch eigene Techniken entwickelt, wieder zur Ruhe zu kommen. Überlegen Sie, welche Techniken Sie in früheren belastenden Situationen angewandt haben, um sich zu beruhigen. Greifen Sie dazu auch zurück auf Ihren »Persönlichen Erfolgsplan« vom Anfang des Kapitels: Lesen, Musik, ein heißes Bad, spazieren gehen, Sport etc.

Auch die regelmäßige Anwendung der »Achtsamkeits-Übung« sowie die im Kapitel »Verspannungszustände: Wenn einem die Angst im Nacken sitzt« beschriebene »Tiefenmuskuläre Entspannungsübung« kann Ihnen helfen, wieder zur Ruhe zu kommen.

Eine weitere Hilfe ist die Übung »An-nichts-Denken« die zur Beruhigung dient und zur Unterbrechung des »kreiselndes Grübelns«, das ebenfalls häufig mit Übererregung einher-geht.

Anleitung zur Übung »An-nichts-Denken«

Sie stammt aus dem Zen-Buddhismus und basiert auf der Erfahrung, dass es zwar schwer ist, an nichts zu denken, wenn man es unbedingt möchte (»aktives An-nichts-Denken«); dass man aber leichter bewusst an etwas denken kann, das keinen Sinn ergibt. Damit werden aktiv auch negative Gedanken und »Grübel-Kreisläufe« unterbrochen.

- Suchen Sie sich dafür ein sinnloses Wort wie zum Beispiel »Malupa«, »Karupo« etc., das nicht nur keinen Sinn ergibt, sondern auch keine Erinnerungen weckt; am besten ist es, wenn das Wort drei Silben hat.
- Bitte suchen Sie für sich eine angenehme Körperhaltung (im Liegen oder Sitzen).
- Spüren Sie erst einmal, wie Ihr Körper Kontakt mit dem Boden oder mit dem Stuhl hat.
- Spüren Sie erst einmal, wie Ihre Füße Kontakt mit dem Boden haben und wo Ihre Arme auflehnen. Erspüren Sie den Kontakt mit den Füßen und mit den Armen.
- Jetzt beobachten Sie Ihren Atem. Atmen Sie ruhig.
- Sprechen Sie in Gedanken beim Atmen Ihr sinnloses Wort aus: Atmen Sie bei der ersten Silbe ein und bei der zweiten und dritten Silbe aus.
- Atmen und sprechen Sie einige Minuten in ruhigem gleichmäßigen Rhythmus.
- Beenden Sie die Übung, indem Sie wieder bewusst wahrnehmen, dass Ihr Körper Kontakt mit dem Boden oder dem Stuhl hat.
- Kehren Sie dann wieder mit Ihrer Aufmerksamkeit bewusst in den Raum zurück.

Ängste

Bevor Sie weiter über Angst lesen, möchten wir Sie gerne zu der kurzen Übung »Luft-Anhalten« einladen.

Immer wenn es in unserem Leben ›eng‹ wird und wir Angst haben, reagieren wir mit den gerade beschriebenen Symptomen. Sie sind völlig natürlich.

Angst ist ein normaler, notwendiger und sinnvoller Teil unseres Lebens. Es gibt kein Leben ohne Angst. Angst tritt in der Regel als Reaktion auf Situationen auf, die als bedrohlich, ungewiss und unkontrolliert eingeschätzt werden. Die Angst, die als Reaktion auf solche bedrohlichen und unkontrollierbaren Situationen auftritt, ist eine ausgesprochen sinnvolle Alarmreaktion. Entwicklungsgeschichtlich sicherte Angst als schnelle und unbewusste Alarmreaktion dem Menschen das Überleben: Mit der Angst als Alarmreaktion wird der Körper äußerst schnell auf Kampf oder Flucht vorbereitet. Heute ist es nicht mehr der Säbelzahntiger, der bei uns Menschen Angst als Alarmreaktion und darauf folgend die Flucht auslöst, sondern z.B. ein plötzlich laut hupendes Auto, das mit hoher Geschwindigkeit auf uns zu fährt, während wir die Straße überqueren, und uns zu einem Sprung auf den Bürgersteig veranlasst.

Weiterhin ist Angst auch eine sinnvolle Reaktion, wenn sie den Organismus *vor* gefährlichen Situationen warnt und die Aufmerksamkeit und Konzentration erhöht wie z.B. beim Autofahren auf Glatteis, im Dunkeln auf einem einsamen Feldweg etc.

Angst äußert sich auf drei verschiedenen Ebenen:

- *körperliche Ebene:* Herz- und Pulsrasen, Schwitzen, Verspannungen, Übelkeit, Harndrang, Zittern etc.
- *gedankliche Ebene:* »Ich bin hilflos«, »Ich muss sterben«, »Mir hilft keiner«, »Ich komme nicht raus« etc.
- *Verhaltensebene:* Flüchten, Vermeiden, Kämpfen, Totstell-Reflex

Anleitung zur Übung »Luft-Anhalten«

- Bitte atmen Sie so tief wie es geht ein und halten Sie die Luft so lange an, wie es nur irgendwie geht.
- Achten Sie bitte dabei darauf, was Sie in Ihrem Körper wahrnehmen und wo Sie es wahrnehmen.
- Wenn es Ihnen nicht mehr möglich ist, die Luft weiter anzuhalten, atmen Sie bitte wieder normal weiter.

Acht von zehn Menschen, die diese Übung machen, beschreiben folgende Wahrnehmungen:

- Druck in der Brust, der sich zum Kopf hin ausbreitet
- Druck im Kopf
- Herzklopfen
- Muskelzittern
- mulmiges Gefühl im Bauch

Am Ende hat man nur noch einen Gedanken: ausatmen und wieder einatmen. Bei dieser Übung kann man die typischen Angst-Symptome kennenlernen. Denn wenn wir die Luft extrem anhalten, haben wir am Ende nur noch einen einzigen Gedanken: Luft holen! Ansonsten entsteht Angst und Panik.

Angst ist also eine normale, sinnvolle und notwendige Reaktion des Organismus auf bedrohliche und unkontrollierbare Situationen. Damit wird verständlich, dass Ängste die häufigsten Folgen nach traumatischen Ereignissen sind. Betroffene haben durch das traumatische Ereignis eine äußerst bedrohliche und unkontrollierbare Situation erlebt, in der weder Kämpfen noch Fliehen als sinnvolle Reaktion möglich war. In den folgenden Tagen und Wochen der Verarbeitung befindet sich der Organismus aufgrund des Erlebten noch in dieser »Alarmbereitschaft« und »warnt« vor weiteren gefährlichen Situationen.

Das äußert sich häufig darin, dass in der ersten Zeit nach dem Ereignis die Betroffenen z.B. Angst haben, das Haus zu verlassen, öffentliche Plätze mit Menschenansammlungen oder Supermärkte zu betreten, am Straßenverkehr teilzunehmen oder sich in der Dunkelheit aufzuhalten.

Diese Ängste sind eine normale und sinnvolle Reaktion des Organismus auf das traumatische Ereignis. Die Ängste sind zwar unangenehm, aber an sich nicht gefährlich. Sie schleichen sich in der Regel bzw. im Verlaufe der folgenden Wochen der Verarbeitung aus.

Wichtig:
Bei »Realängsten« (z.B. eine konkrete reale Bedrohung, fortbestehende reale Bedrohungen, Kontakt zu einer bedrohenden Person) sollten Sie immer sofort professionelle Hilfe und Unterstützung (Polizei, Arzt, Psychotherapeut etc.) suchen!

Professionelle Hilfe sollte dann aufgesucht werden, wenn die Ängste bzw. Angstzustände über einen Verarbeitungszeitraum von 12 Wochen:

- stark und häufig auftreten,
- sich ausweiten auf weitere und umfassendere Situationen (z.B. Angst generell das Haus zu verlassen, Angst generell vor Männern, Angst generell am Straßenverkehr teilzunehmen),
- starke Belastung, starkes Leiden und/oder die Vermeidung von wichtigen Aktivitäten verursachen.

Um sich selber bei Ängsten nach traumatischen Ereignissen zu entlasten, können Sie die Übung »Der sichere Ort« zur Stärkung des Sicherheitsgefühls ausprobieren.

Anleitung zur Übung »Der sichere Ort«

Und nun möchte ich Sie einladen, die Übung des inneren sicheren Ortes zu machen.

- Lassen Sie in Gedanken oder Vorstellungen einen Ort aufsteigen, an dem Sie sich ganz sicher, wohl und geborgen fühlen. Das kann ein realer Ort sein (zum Beispiel ein Urlaubsort) oder ein reiner Fantasieort. Wichtig ist, dass Sie sich dort ganz sicher, wohl und geborgen fühlen. Am besten ist es, wenn keine anderen Menschen dort sind. Nur Sie an dem schönen Ort. Wenn Sie einen Ort gefunden haben, an dem Sie sich so wohl und geborgen fühlen, geben Sie Ihm einen Namen Ihrer Wahl (Strand, Berge, Meer, Bäume etc.)
- Jetzt schauen Sie sich dort um. Konzentrieren Sie sich auf die Empfindungen der Sicherheit, Ruhe und des Wohlgefühls und versuchen Sie nachzuspüren, wie sich diese Empfindungen anfühlen.
- Schauen Sie sich auch die Details an. Was ist nah und was ist fern? Welche Farben sind dort? Welche Geräusche sind dort? Welche Temperatur herrscht dort?
- Und versuchen Sie dabei immer, das Gefühl von Ruhe, Sicherheit, Geborgenheit und Wohlbehagen nachzuempfinden. Wenn irgend etwas an dem Ort noch stört, verändern Sie es einfach so, wie Sie es sich wünschen und wie es für Sie angenehm ist.
- Bleiben Sie einen Augenblick an diesem Ort, und genießen Sie das Wohlgefühl, die Ruhe, Sicherheit und Geborgenheit, die Ihnen Ihr Ort gibt.
- Wenn Sie möchten, können Sie diesen Ort mit einer kleinen Körpergeste verankern; vereinbaren Sie mit sich eine kleine Körpergeste (Hand aufs Herz, Fingerspitzen an den Schläfen etc.). So fällt es Ihnen in Zukunft leichter, dorthin zu gelangen. Wann immer Sie möchten, führen Sie diese Geste aus.
- Kommen Sie dann mit Ihrer Aufmerksamkeit zurück in den Raum.

Anleitung zur Übung »Positive Körpererinnerung« (»Das Wunder von Köln«)

- Jetzt stellen Sie sich vor, »das Wunder von Köln (bzw. Ihr Heimatort)« würde nächste Nacht passieren: All Ihre Beschwerden, all Ihre Symptome, alle Veränderungen, die das traumatische Ereignis verursacht haben, sind weg.
- Sie wachen morgens auf und all diese Beschwerden sind weg.
- Wie würden Sie das bemerken, woran würden Sie das bemerken?
- Beantworten Sie sich diese Fragen ganz detailliert: Was würden Sie machen, was würden Sie bemerken, wie reagieren Sie usw.?
- Werden Sie sich bewusst, welches Körpergefühl Sie dabei haben versuchen Sie bitte, dieses durch eine passende Körperbewegung auszudrücken.
- Nehmen Sie jetzt genau diese Körperhaltung ein.

Angst ist zweifelsohne unangenehm. Hilfreich kann es dann auch sein, sich an den unbelasteten, unbeschwerten, angstfreien »Zustand« vor dem traumatischen Ereignis zu erinnern und sich gleichzeitig vorzustellen, wie es wieder sein wird, wenn Sie das schreckliche Ereignis verarbeitet haben. Versuchen Sie dazu auch einmal die Übung »Positive Körpererinnerung«.

Aggressionen

›Aggression‹ kommt vom lateinischen Wort für »auf jemanden zugehen«. Wie bereits erwähnt, haben wir Menschen eine angeborene Kampf-/Flucht-Bereitschaft in Situationen, in denen wir uns bedroht fühlen, hilflos werden und Angst haben. Kampf wie Flucht sollen das eigene Überleben (körperlich wie seelisch) sicherstellen.

Jedoch gibt es immer wieder Situationen, in denen wir weder kämpfen noch flüchten können. Dann erstarren wir, unterwerfen uns der Situation und werden hilflos, ohnmächtig und sprachlos. Nun kommt ein weiterer Faktor dazu, denn von Natur aus ist unsere Angst untrennbar mit Aggressionen verbunden. Man spricht hierbei vom sogenannten Angst-Aggressions-Komplex. Das heißt, dass Menschen, die äußerlich sehr ängstlich sind, im Inneren oft gehemmt aggressiv sind. Umgekehrt sind Menschen, die in ihrem Verhalten, ihrer Sprache usw. sehr aggressiv sind, im Inneren sehr ängstliche Menschen.

Krisen und traumatische Situationen überfordern oft unsere Bewältigungsmöglichkeiten. Manche Situationen sind im Augenblick so übermächtig, dass sie uns überwältigen und unsere Kampf-/Flucht-Reaktion unterbrochen wird. Gleichzeitig wird jedoch unsere Muskulatur angespannt, weil sie sich auf eine danach ablaufende Reaktion vorbereiten will. Unsere Kampfmuskulatur sind die Bizeps- und die Kiefermuskulatur (Beißmuskulatur). Fluchtmuskulatur ist der große Oberschenkelmuskel und der Gluteus maximus, unser größter Muskel, das Gesäß. Beide ermöglichen es uns, schnell zu rennen (wegzurennen). Wird aber eine Kampf- oder Fluchtreaktion unmöglich gemacht – weil es vielleicht lebensgefährlich wäre, wenn jemand z.B. mit einer Waffe bedroht wird, völlig hilflos und ausgeliefert ist – dann erstarrt der Mensch, wobei gleichzeitig sowohl die Kampf- als auch die Fluchtmuskulatur angespannt wird. Da sich die in den Muskeln befindliche Energie jedoch nicht in eine Bewegung umsetzen lässt, muss diese Energie im Körper und der Muskulatur gespeichert werden.

Physikalisch betrachtet, funktionieren so auch Batterien. Der Mensch steht unter enormer Spannung und die Speicherung der Kampf- und Fluchtenergie erfolgt durch Spannungseinlagerungen in der Muskulatur. Diese Spannungseinlagerungen bezeichnet man als Ver-Spannungen. Körperlich spürbar sind Verspannungen in unterschiedlichen Körperbereichen: Kopf-, Schulter-, Nackenschmerzen, Rückenschmerzen, Gelenkschmerzen usw.

Die Spannungen lösen sich, wenn die ursprüngliche Gefahrensituation nicht mehr gegeben ist. Eine Abreaktion der Muskelspannung erfolgt dann über ein Muskelzittern. Eine unbewusste Spannungsabfuhr erfolgt aber auch im Schlaf, wenn die bewusste Kontrolle nachlässt. Der Ausdruck dieser Spannungsabfuhr erfolgt z.B. in Form von Zähneknirschen und Zähneklappern. Dahinter verbirgt sich oft eine »Beißhemmung«. Aggressionen haben sich angestaut und konnten in der auslösenden Situation nicht angemessen oder überhaupt nicht zum Ausdruck gebracht werden. Daher erfolgt die Abreaktion zu einem späteren Zeitpunkt.

Die Umwandlung von Kampf- oder Fluchtenergien kann sich in der bereits erwähnten Form von Muskelzittern oder motorischer Unruhe äußern. Lösen sich Verspannungen nicht innerhalb eines Zeitraums von ein paar Wochen auf, können sie zu weiteren körperlichen Beschwerden führen: Ohrgeräusche (Tinnitus), Augentränen, Kopfschmerzen (Migräne), Band-

scheibenvorfälle, Flüssigkeitseinlagerungen im Körper, Hautveränderungen, Hustenreiz (»die Welt anbellen«).

In der Regel führen die Verspannungen und die damit verbundenen Schmerzen automatisch dazu, dass ein Mensch eine Schonhaltung einnimmt, die kurzfristig zwar eine Erleichterung bedeutet, aufgrund der mechanischen »Verstellung« aber dann die Beschwerden am Ende deutlich verschlimmert.

Aggressionen folgen unweigerlich auf Angstsituationen. Das ist eine ganz natürliche, normale und auch wichtige Reaktion. Nach Abklingen der Schockphase können die Aggressionen dann zeitverzögert zum Vorschein kommen. Man ist gereizt, ungeduldig, ungerecht, sehr reizbar und geht dann schon aus geringstem Anlass in die Luft. Oft bekommen dann gerade die Menschen stellvertretend diese Aggressionen ab, die den Betroffenen gefühlsmäßig am nächsten stehen. Klingt paradox, ist aber ein Zeichen von Vertrauen. Das Unverständnis kann wiederum zu weiteren Konflikten führen, denn die Familie, Freunde oder Kollegen können diese Reaktion in der Regel nicht verstehen, gerade weil sie sich doch sehr fürsorglich und liebevoll um die betroffene Person kümmern.

Weil die Betroffenen spüren, dass an dieser zeitverzögerten Aggressionsreaktion etwas nicht stimmt (nämlich die Situation), fangen sie in dem einen oder anderen Fall an, ihre Aggressionen unbewusst zu kontrollieren und/oder abzuwehren. Hieraus entstehen unbewusste Schuldgefühle, die wiederum zu weiteren unbewussten Ängsten führen, die dann wiederum Aggressionen produzieren. Da sich der Betroffene jedoch immer weiter von der ursprünglichen Situation entfernt (zeitmäßig und auch räumlich) fällt es zunehmend schwerer, die Aggressionen zum Ausdruck zu bringen. Der Betroffene glaubt und spürt auch körperlich, dass etwas nicht mit ihm stimmt. Falsch! Hier erfolgt eine folgenschwere Selbsttäuschung aus Angst vor den eigenen Aggressionen. Schamgefühle, Schuldgefühle usw. führen dazu, verstandesmäßig keinen erkennbaren Grund zu erkennen, der es erlauben würde, jetzt aggressiv zu sein. Also werden die Aggressionen stark kontrolliert.

Nicht aggressiv sein zu dürfen, obwohl man es tatsächlich ist, verstärkt wiederum die Angst. Ein Teufelskreislauf beginnt. Angst und Aggressionen müssen wechselseitig abgewehrt und kontrolliert werden. Folge ist das Entstehen von Phobien oder Zwangshandlungen.

Indem ich angstauslösende Situationen meide (hohe Brücken, Fahrstühle, Tunnel ...) kontrolliere ich die Angst.

Aggressionen werden häufig durch Zwangshandlungen abgewehrt: Händewaschzwänge, Putzzwänge, Kontrollzwänge usw.

Die Zwangshandlungen binden soviel Zeit und Energie der Betroffenen, dass keine Zeit mehr zum Fühlen bleibt und keine gesunden aggressiven Reaktionen mehr erfolgen.

Phobie

Wird deutsch mit »krankhafter Angst« übersetzt. Phobien entstehen oft als Folgen einer unterbrochenen Handlung, d.h. unsere natürlichen Kampf-/Flucht-Mechanismen werden in bedrohlichen Situationen unterdrückt. Folge ist ein Wut- oder Aggressionsstau, der zu unbewussten (phobischen) Ängsten führen kann. Unbewusste Ängste sind für uns Menschen jedoch nur sehr schwer aushaltbar (denken Sie z.B. an den HIV Test und die Aussage des Arztes, dass das Ergebnis erst in einer Woche vorliegt). Die meisten Menschen beschleicht dann ein mulmiges Gefühl. Um unbewusste Ängste über längere Zeit aushalten zu können, muss ihnen ein Name gegeben werden. Das ist der Moment, in dem die Phobien entstehen. Unbewusste Ängste werden aus dem Inneren nach außen projiziert und an Dingen festgemacht, vor denen ich mich dann ganz konkret fürchten kann: hohe Brücken, geschlossene Räume, Menschenansammlungen, Flugzeuge, Spinnen usw. Es gibt in der Fachliteratur 426 (!) verschiedene Phobien und ihnen allen ist gemeinsam, dass sie eigentlich unbewusste Ängste kontrollieren. Oft ist es die Angst davor, wütend oder aggressiv zu sein. Es kann aber auch die Angst davor sein, zu trauern oder sich zu freuen, oder es handelt sich um Ängste, die mit der eigenen Sexualität zu tun haben. Besonders häufig sind Phobien nicht gelebte Wut und Trauer.

Weiterer Verlauf:

Die Betroffenen leiden unter einer ausgeprägten, spezifisch phobischen Angststörung, wobei sie in ihren alltäglichen und gewohnten Bewältigungsmechanismen und Beziehungsstrukturen akut überfordert sind.

Das wesentliche Kennzeichen dieser Symptomatik sind wiederkehrende schwere Angstattacken (Panik), die sich nicht auf spezifische Situationen oder besondere Umstände beschränken und deshalb für die Betroffenen nicht vorhersehbar sind. Die Symptome variieren, typisch ist jedoch dabei der plötzliche Beginn mit Herzklopfen, Brustschmerz, Erstickungsgefühlen, Schwindel und Entfremdungsgefühlen. Fast stets entsteht dann sekundär auch Furcht zu sterben oder Angst vor Kontrollverlust. Die einzelnen Anfälle bei den Betroffenen dauern meistens nur Minuten, manchmal auch länger. Die Häufigkeit und der Verlauf der Störung sind jedoch unterschiedlich. In manchen Panikattacken erlebt ein Betroffener ein Crescendo der Angst und der vegetativen Symptome, was zu einem meist fluchtartigen Verlassen des Ortes führt. Da dies auch in besonderen Situationen vorkommt, z.B. im Auto auf der Autobahn, in Aufzügen, in Menschenmengen, in Flugzeugen etc., ist es sehr wahrscheinlich, dass die Betroffenen in Zukunft diese Situationen vermeiden wird. Einer Panikattacke folgt meist die ständige Furcht vor einer erneuten Attacke. Die vorliegenden Belastungsstörungen und die körperlichen Begleiterscheinungen führen bei den Betroffenen zu immer wiederkehrenden Angstattacken (Panikstörung), psychosomatischen Störungen, frei floatierenden Ängsten und regelmäßig wiederkehrenden depressiven Grundstimmungen.

Spezifische Phobien (Agoraphobie, Aerophobie, Amaxophobie und Klaustrophobie) entstehen, die alle Bereiche des Erlebens und Verhaltens durchdringen. Konflikte, Defizite und posttraumatische Belastungsstörungen aus dem lebensgeschichtlichen Zusammenhang äußern sich durch eine sozial-emotionale Isolierung und bewirken bei den Betroffenen ein Gefühl, als bestünden sie nur noch aus einzelnen Bruchstücken. Wesentliche körperliche Symptome sind Beschwerden wie ständige Nervosität, Zittern, Muskelspannung, Zähneknirschen, Schwitzen, Benommenheit, Herzklopfen, Schwindelgefühle, tendenzielle Oberbauchbeschwerden und Migräneanfälle.

Das Selbstwertgefühl der Betroffenen ist durch die Angststörung und die damit verbundene Verminderung der Lebensqualität deutlich erniedrigt. Das Überschneiden der Phobien führt dabei zur Entwicklung von Ängsten, sich alleine im Auto, in Zügen, Bussen oder Flugzeugen zu bewegen. Das Vermeidungsverhalten schränkt die Betroffenen besonders ein. Es besteht die Gefahr, dass sie zukünftig an ihr Haus gefesselt sein werden. Typisch für den weiteren Verlauf dieser Agoraphobie ist, dass die Betroffenen es vermeiden, belebte Straßen oder Geschäfte zu betreten, durch Tunnels oder über Brücken zu fahren und öffentliche Verkehrsmittel und Fahrstühle zu benutzen.

Wenn die Betroffenen keine Unterstützung und fachliche Hilfe erfahren, werden sie sich möglicherweise in der Zukunft überhaupt nur dann aus dem Haus wagen, wenn sie in Begleitung ihrer Partner, enger

Anleitung zur Übung »Inneres Bühnendrama«

Mit dieser Übung kann es Ihnen gelingen, eine innere Beruhigung und Entlastung von Angst und Aggressionen zu erreichen.

- Bitte setzen Sie sich in eine sehr bequeme und angenehme Sitzposition. Schließen Sie bitte die Augen und stellen Sie sich vor, Sie sitzen in einem Theater, genau in der Mitte, ganz vorne, so dass Sie die gesamte Bühne vor sich im Blick haben. Sie sind jetzt der Regisseur in dem nun folgenden Stück.
- Bitte nehmen Sie Ihre Gefühle und Gedanken wahr und lassen Sie Ihre Gefühle wie Aggressionen und Angst usw. nacheinander in Form von Personen auf der Bühne vor sich erscheinen. Wenn alle »Personen« auf der Bühne sind, dürfen Sie die Anweisungen geben, die von den Spielern auf der Bühne genau befolgt werden müssen. Die Kontrolle liegt ausschließlich bei Ihnen und alles auf der Bühne geschieht genau so, wie Sie es sich wünschen. Lassen Sie die Spieler so lange handeln, bis das Stück eine für Sie sehr angenehme Situation und Stimmung erreicht. Wann immer Sie wollen, können Sie das »Bühnenstück« beenden.
- Am Ende der Übung stellen Sie sich bitte vor, dass sich irgendwo auf, hinter oder unter der Bühne eine Schatztruhe befindet. Wo finden Sie diese Schatztruhe? Bitte erheben Sie sich in Ihrer Fantasie aus Ihrem Theatersessel und begeben Sie sich zu dieser Schatztruhe. Dort angekommen, öffnen Sie vorsichtig den Deckel. In der Schatztruhe befindet sich etwas sehr Wertvolles für Sie. Was ist es?
- Bitte nehmen Sie es aus der Schatztruhe heraus und nehmen es in Ihrer Fantasie mit zurück in die gegenwärtige Situation. Genießen Sie einen Augenblick, das Wissen um diesen reichen Schatz, den Sie in sich tragen und öffnen dann langsam wieder die Augen.

Verwandter oder Freunde sind. Das führt in vielen Fällen zu einer erheblichen Einschränkung und oft zur Unfähigkeit, einer Arbeit nachzugehen.

Es sind mehr Frauen als Männer, die Phobien entwickeln. Ursache hierfür ist, dass sie oft lang andauernden Belastungssituationen ausgesetzt sind: Grenzverletzungen, emotionaler oder sexueller Missbrauch. Jede dritte Frau und jeder siebte Mann hat in seinem Leben sexualisierte Gewalt erlebt!

Depressionen

Depressive Symptome, Gefühle der Niedergeschlagenheit, »Stimmungstief«, gedrückte Stimmung und Stimmungsschwankungen sind sehr häufige Folgen nach einem traumatischen Erlebnis. Und sie können sich auf verschiedenen Ebenen äußern:

- emotional (»gefühlsmäßig«): gedrückte, traurige Verstimmung,
- kognitiv (»gedanklich«): negatives Selbstkonzept, Selbstvorwürfe und Selbstbeschuldigungen (dazu mehr im Kapitel ›Selbstzweifel‹), Grübeln,
- motorisch (muskulär): Veränderung des Aktivitätsniveaus (meist verlangsamte Motorik, manchmal auch motorische Unruhe),
- motivational (»Beweggründe betreffend«): Interesse- und Antriebsverlust, Entschlussunfähigkeit,
- vegetativ (»willentlich nicht steuerbar«): veränderter Schlafrhythmus (Schlaflosigkeit oder übermäßiges Schlafen), Appetit- und Libidoverlust.

Wesentliche Ursache für depressive Symptome nach traumatischen Ereignissen ist die Erfahrung (das Lernen) von maximaler Hilflosigkeit in der Situation und die Erfahrung der maximalen Unkontrollierbarkeit des Ereignisses. Diese Erfahrungen zerstören das Verständnis von uns selbst und von der Welt. Sie zerstören unser Verständnis, uns selbst, unser Leben, unser Handeln unter Kontrolle zu haben und kontrolliert zu beeinflussen.

Diese Erfahrung (»Ich konnte nichts tun«; »Ich war hilflos«; »Ich konnte mich nicht wehren«; »Ich hatte keine Kontrolle«) wird dann häufig über das Ereignis hinaus verallgemeinert: »Ich kann nichts tun«, »Ich bin hilflos«, »Ich kann mich nicht wehren«, »Ich habe keine Kontrolle«. Diese Gedanken werden dann allumfassend; Versagungs- und Hilflosigkeitsgefühle beherrschen das Selbstkonzept.

Es ist wichtig in dieser Situation, gedanklich aktiv die Gegenwart von Vergangenheit und Zukunft zu trennen:

- Gegenwart: »Das Ereignis ist vorbei!«
- Vergangenheit: »Während des Ereignisses war ich hilflos und hatte keine Kontrolle mehr«

<u>Aber</u>:

»Vor dem Ereignis habe ich viele persönliche Erfolge geschafft.«

- Zukunft: »Ich werde auch in Zukunft Kontrolle haben, mich wehren können und erfolgreich sein«.

Hilfreich kann dabei die Übung »Persönliche Erfolge« aus dem Kapitel ›Hilf mir, es selbst zu tun‹ sein. Sich früherer persönlicher Erfolge wieder bewusst zu werden, unterbricht die allumfassende Ausbreitung der Versagens- und Hilflosigkeitsgefühle.

Depressive Verstimmungen sind normal nach traumatischen Ereignissen bzw. nach der Erfahrung von Hilflosigkeit und Kontrollverlust. Versuchen Sie aktiv diese Erfahrung zu begrenzen: Das traumatische Ereignis ist ein

Anleitung zur Übung »Baumtechnik«

- Schließen Sie die Augen und stellen Sie sich in Ihrer Fantasie einen wunderschönen alten Baum vor. Sie sehen ihn in weiter Entfernung vor sich auf einer Lichtung stehen.
- Nun gehen Sie langsam auf diesen Baum zu, immer näher, bis Sie ihn erreicht haben. Bestaunen Sie ihn. Denken Sie, was er alles schon in den vielen hundert Jahren seines Lebens erlebt hat. Berühren Sie ihn nun langsam mit einer Hand, dann mit der anderen Hand.
- Nun treten Sie näher an ihn heran, drehen sich um und lehnen sich mit dem Rücken gegen ihn. Allmählich spüren Sie, wie Ihr Rücken mit dem kräftigen Baumstamm verschmilzt. Ihr Rücken wird eins mit dem Stamm. Sie spüren, wie sich Ihre Beine langsam in den Boden graben und zu Wurzeln werden; tiefer und immer tiefer graben sie sich in die Erde bis sie ganz tief im Erdinnern auf eine unglaublich energiereiche Quelle stoßen, aus der die Wurzeln ihre Kraft aufnehmen und nach oben leiten. Achten Sie darauf, was es für eine Kraft ist, die sich die Wurzeln holen und spüren Sie die Kraft, mit der die Energie nach oben in den Baumstamm fließt. Nun stellen Sie sich vor, dass Ihre Arme langsam zu Ästen werden, immer größer und feiner, bis sie eine wunderschöne Krone bilden. Von oben nehmen sie die Sonnenstrahlen auf und leiten sie in den Baumstamm weiter. Dort vermischt sich die Sonnenenergie mit der Kraft aus dem Erdinnern. Spüren Sie das angenehme Gefühl in Ihrem Bauch und wie nun der Baum allmählich anfängt zu wachsen und immer stärker wird.
- Genießen Sie das Gefühl und achten Sie darauf, welche Kraft der Baum entfaltet.
- Nun entwickeln sich die Äste wieder zurück zu Ihren Armen und die Wurzeln werden wieder Ihre Beine. Der Rücken bleibt noch einen Moment lang mit dem Baum verschmolzen und beginnt sich dann langsam von ihm zu lösen.
- Spüren Sie noch einen Augenblick die angenehme und starke Kraft des Baumes.
- Dann lösen Sie sich ganz, berühren ihn mit der Hand und bedanken sich bei ihm.
- Dann kommen Sie langsam wieder zurück in den Raum.

Sie sind wie Einsame

Bäume sind für mich immer die eindringlichsten Prediger gewesen.
Ich verehre sie, wenn sie in Völkern und Familien leben, in Wälder und Hainen.
Und noch mehr verehre ich sie, wenn sie einzeln stehen.
Sie sind wie Einsame.
Nicht wie Einsiedler, welche sich aus irgendeiner Schwäche davongestohlen haben, sondern wie große vereinsamte Menschen, wie Beethoven und Nietzsche.
In ihren Wipfeln rauscht die Welt, ihre Wurzeln ruhen im Unendlichen; allein sie verlieren sich nicht darin, sondern erstreben mit aller Kraft ihres Lebens nur das Eine:
ihr eigenes in ihnen wohnendes Gesetz zu erfüllen, ihre eigene Gestalt auszubauen, sich selbst darzustellen. Nichts ist heiliger, nichts ist vorbildlicher, als ein schöner starker Baum.
Hermann Hesse

– wenn auch schrecklicher – Punkt in Ihrem Lebenslauf. Es soll das »Davor« und »Danach« nicht beherrschen.

Eine schöne Übung zur Stärkung gegen depressive Verstimmungen ist die Übung zur »Baumtechnik«. Sie können damit Kraft sammeln und aktiv gegen lähmende Niedergeschlagenheitsgefühle angehen.

Selbstzweifel, Schuld- und Schamgefühle

»Gegen negative Bilder helfen nur positive«. Dieser Satz lässt sich ausweiten: Jedes traumatische Ereignis »knackst« am Selbstwertgefühl. Betroffene neigen häufig dazu, die Niedergeschlagenheit, die Hilflosigkeit und den Kontrollverlust zu verallgemeinern: Ich bin hilflos, ich kann mir nicht helfen, ich kann mich nicht mehr freuen ... etc. Mit dem traumatischen Ereignis haben sie Hilflosigkeit und Kontrollverlust erlebt. Aber das heißt

nicht, dass sie insgesamt hilflos und unfähig sind! Die erlebten schönen Situationen, die eigenen Fähigkeiten und Fertigkeiten und die eigenen persönlichen Erfolge sind nach traumatischen Ereignissen nur »verschüttet«. »Buddeln« Sie sie wieder aus, holen Sie Ihre positiven Erlebnisse und Ihre Fähigkeiten wieder hervor.

Die Übung »Persönliche Erfolge« aus dem Kapitel ›Hilf mir, es selbst zu tun sein‹ hilft Ihnen dabei.

Versuchen Sie auch einmal ganz gezielt, sich an schöne Situationen im Leben vor dem Ereignis (schöne Urlaube, schöne oder lustige Situationen mit Eltern, Freunden, Partnern oder Familie; schöne oder lustige Alltagssituationen etc.) zu erinnern. Mit diesen schönen Bildern und Erinnerungen können Sie die aktuell gedämpfte Stimmung etwas korrigieren.

Hilfreich kann es auch sein, ein »Trauma-Erfolgstagebuch« anzulegen, in dem Sie Ihre täglichen »Erfolge« bzw. Fortschritte in der Verarbeitung des belastenden Erlebnisses notieren können: »Eine Nacht durchgeschlafen«, »Alleine und ohne Angst einkaufen gegangen«, »Ein wohltuendes Gespräch mit jemandem geführt«, »Eine Stunde konzentriert gearbeitet«, »Behördengänge erledigt« etc. Ein persönliches Trauma-Erfolgstagebuch finden Sie unserem Buch beigelegt. Sie können es bei sich führen oder dorthin legen, wo Sie es verwahren und/oder führen möchten.

So können Sie selber Ihre Verarbeitungs-Fortschritte beobachten. Das macht Mut.

Gegen deprimierende Gefühle von Hilflosigkeit, Kontrollverlust und Zweifel an sich und seinen Fähigkeiten kann auch die Übung »Innerer Garten« hilfreich sein.

Neben Selbstzweifel treten nach traumatischen Ereignissen auch häufig Schuld- und Schamgefühle auf, auch wenn objektiv kein Grund dafür vorliegt.

Betroffene erleben die traumatische Situation oft mit einer zeitlichen Verzerrung, entweder im Zeitraffer (die Dauer einer lang anhaltenden traumatischen Situation wird kürzer erlebt als sie tatsächlich war) oder in der Zeitlupe (die Dauer einer kurzen traumatischen Situation wird länger erlebt als sie tatsächlich war).

Verschüttungsopfer, die über viele Stunden verschüttet gewesen waren, empfinden oft die Dauer der Verschüttung als wesentlich kürzer. Das hat

Anleitung zur Übung »Innerer Garten«

- Schließen Sie die Augen und stellen Sie sich ein Stück unberührte Erde, ein Stück Land vor, auf dem noch nichts wächst. So groß oder so klein, wie Sie es gerade möchten.
- Jetzt bepflanzen Sie dieses Land und gestalten sich Ihren eigenen Garten. Sie können diesen Garten ganz nach Ihren Wünschen bepflanzen und gestalten. Wenn Sie merken, dass Sie etwas anders haben wollen, dann haben Sie in der Ecke einen Komposthaufen. Dort können Sie alles, was Sie nicht mehr wollen, hinbringen, so dass es sich in nützliche Erde verwandeln kann. Sie können so jederzeit Ihren Garten verändern. Wenn Sie möchten, können Sie auch einen Zaun anbringen, einen Teich anlegen oder einen Bach hindurchfließen lassen. Wenn Sie möchten, können Sie sich auch einen Sitzplatz anlegen. Vielleicht möchten Sie auch Tiere in Ihrem Garten haben.
- Wenn Sie den Garten dann so gestaltet haben, wie Sie ihn möchten, dann können Sie sich irgendwo niederlassen, sich umschauen und sich an Ihrem Garten erfreuen.
- Sie können sich auch überlegen, ob Sie jemanden in Ihren Garten einladen möchten.
- Sie können jederzeit zu Ihrem Garten zurückkehren und sie können Ihren Garten jederzeit verändern, wenn Ihnen danach zumute ist.
- Kommen Sie dann langsam wieder mit Ihrer Aufmerksamkeit zurück in den Raum.

eine Schutzfunktion: Menschen sind psychisch und physisch nicht in der Lage, eine tödliche Bedrohung über viele Stunden auszuhalten.

Betroffene von traumatischen Ereignissen, die nur wenige Sekunden oder wenige Minuten andauerten (z.B. Unfälle, Überfälle), erleben die Dauer wesentlich länger. Durch diese Zeitausdehnung in der traumatischen Situation, »glauben« die Betroffenen, dass sie oder andere mehr Zeit zum Handeln gehabt hätten, also etwas »versäumt zu tun« oder »versagt« hätten. Das ist eine Illusion und führt zu ungerechtfertigten (Selbst-)Beschuldigungen.

Ebenso kann es auch zu einer sog. »Überlebendenschuld« kommen. Die Betroffenen fühlen sich schuldig, das Ereignis überlebt zu haben, während andere Personen oder sogar Angehörige und Freunde das Unglück nicht überlebt haben. Hier wird die eigene Verantwortlichkeit für das Ereignis und für den Ausgang des Ereignisses überschätzt.

Auch Schamgefühle können ausgelöst werden. Wer sich schämt, glaubt, allen Augen ausgesetzt zu sein, er fühlt sich unsicher und befangen. Er ist den Blicken der Welt dazu noch höchst unvorbereitet ausgesetzt. Scham drückt sich in dem Impuls aus, sein Gesicht zu verstecken, am liebsten jetzt und hier in der Erde zu versinken. Der Psychologe Erik Erikson vermutet hierin einen gegen das Ich gekehrten Zorn. Der Schamerfüllte möchte vielmehr die Welt zwingen, ihn nicht anzusehen oder seine beschämende Situation nicht zu beachten. Er würde am liebsten die Augen aller anderen zerstören. Stattdessen muss er seine eigene Unsichtbarkeit wünschen. Scham geht der Schuld voraus.

(Selbst-)Beschuldigungen und Schamgefühle sind eine erhebliche Belastung für die Betroffenen. Die Betroffenen sollten sie dringend mit einer Vertrauensperson besprechen, um ungerechtfertigte Selbstvorwürfe zu korrigieren. Gehen Sie aktiv gegen unberechtigte Schuld- und Schamgefühle an. Weisen Sie laut unberechtigte Schuld von sich und zwar so oft wie das Schuldgefühl auftritt.

Verspannungszustände: Wenn einem die Angst im Nacken sitzt

Verspannungen im menschlichen Körper sind nichts anderes als gespeicherte Gefühlsenergie. Verspannungen sind oft eine »Beißhemmung«, unterdrückte Aggressionen gegenüber einem Täter, der sich ungefragt in das Leben eines anderen Menschen eingemischt und diesem einen riesengroßen Schrecken eingejagt hat. Der Schrecken sitzt den Betroffenen dann oft Wort wörtlich noch in den Knochen (»Mir ist der Schrecken in die Glieder gefahren«). Und da sitzt er nun und weiß nicht mehr, wie er raus kommen soll!

Nicht selten leiden Betroffene von traumatischen Ereignissen an körperlichen Empfindungen, die bis zu Beschwerden und Schmerzen gehen können (Kopf-, Magen-, Rückenschmerzen, Ohrgeräusche, Schwindel, Taubheitsgefühle, Kieferschmerzen, Tränen der Augen, Kloß im Hals etc.). Lassen Sie diese Beschwerden unbedingt medizinisch abklären. Suchen Sie möglichst umfassend medizinische Hilfe auf (Hausärzte, Internisten, HNO-Ärzte, Neurologen etc.).

Es ist unbedingt wichtig, die Ursache dieser Beschwerden medizinisch zu klären. Ergibt sich kein organischer Befund, dann könnten diese Beschwerden eine psychotraumatologische Ursache haben. Wichtig ist: zuerst die medizinische Diagnose.

Wenn es keinen medizinischen Befund gibt, dann können Sie die psychotraumatologische Hypothese weiter verfolgen (körperliche Symptome als Wink für unvollständig verarbeitete oder unverarbeitete traumatologische Episoden!).

Durch die unterbrochene Kampf- und Fluchthandlung bei traumatischen Ereignissen bleiben ganze Muskelgruppen (Kampf- und Fluchtmuskulatur) hoch aktiviert. Das führt sehr häufig zu ganz speziellen Verspannungen:

- im Kopf, Nacken und oberen Wirbelsäulenbereich (beim »Schreckreflex« ziehen sich die Schultern hoch und der Kopf ein)
- im Kieferbereich (»Zähne zusammenpressen«, häufig kommt es bei Verspannungen im Kieferbereich und im Gesicht zu einem Druck auf die Tränendrüsen, so dass Betroffenen ein Auge unkontrolliert und andauernd tränen kann)
- im Oberschenkel und Gesäß (Laufmuskulatur)
- in den Oberarmen

Diese Verspannungen können starke Schmerzen erzeugen. Lang andauernde Verspannungen können dann wiederum zu ernsten orthopädischen und gesundheitlichen Folgen führen. Deshalb ist es wichtig, den traumatisch bedingten Verspannungszuständen frühzeitig mit Entspannungstechniken und -verfahren entgegenzuwirken.

Besonders wirkungsvoll gegen Verspannungen haben sich Entspannungstechniken bewährt, die auf dem Prinzip »Spannung – Entspannung« beruhen. Ihren Ursprung haben diese tiefenmuskulären Entspannungstechniken in der »Progressiven Muskelrelaxation« nach Jacobson (PMR). Sollten Sie die Progressive Muskelentspannung schon gelernt haben, können Sie sie jetzt wirkungsvoll gegen die Verspannungszustände einsetzen.

> Man ist entweder ängstlich oder entspannt – aber nicht beides gleichzeitig. Genauso kann man nicht gleichzeitig wütend sein und entspannt, unruhig und entspannt etc. So können Sie in jeder kritischen Situation mit Hilfe gezielter Entspannung Belastungsreaktionen abschwächen oder verhindern.

Tiefe Muskelentspannung ist eine Fertigkeit, die man lernen kann und die einem erlaubt, Verspannungszuständen und Belastungsgefühlen entgegenzuwirken; sie kann durch regelmäßige Übung und Praxis gezielt und schnell eingesetzt werden. Ähnlich wie die Fertigkeit des Autofahrens beherrscht man sie nicht automatisch: Man braucht einen »Fahrlehrer«, der einem sagt, was zu tun ist. Mit der Zeit übernimmt man einige der Kommandos und steuert sich selbst. Zuletzt geht das dann automatisch. Mit der Entspannung ist es nicht anders: Erst müssen Sie sie lernen und an einem ruhigen Platz zu Hause üben, wo Sie ungestört sind. Mit regelmäßiger Übung können Sie dann in Alltags- und Belastungssituationen, eine schnelle und tiefe Entspannung herbeiführen.

In der folgenden Übung lernen Sie tiefenmuskuläre Entspannung kennen.

Anleitung zur Übung »Tiefenmuskuläre Entspannung«

Sie beginnen, indem Sie zunächst Spannung und Entspannung einzelner Muskelgruppen wahrzunehmen lernen. Dazu vergleichen Sie den angespannten und den entspannten Zustand und achten nur auf einzelne Muskelgruppen. Die Anspannung der einzelnen Muskelgruppen sollte etwa 5 bis 8 Sekunden andauern, die Entspannung 30 Sekunden. Die Muskelgruppen werden in folgender Reihenfolge durchgenommen: Hände und Arme, Kopf, Nacken und Schulter, Rücken und Bauch, Sitzmuskeln, Beine und Füße.

Sie können bei der Übung vielleicht etwas ungewohnte Empfindungen spüren wie Wärme, Schwere, Kribbeln, Fließen etc. Das sind Zeichen dafür, dass es Ihnen gelingt, sich tief zu entspannen.

- Setzen Sie sich möglichst bequem auf einem Stuhl. Lassen Sie Ihre Muskeln so locker wie möglich. Schließen Sie die Augen und atmen Sie tief und ruhig.
- Ballen Sie jetzt eine Hand zur Faust und achten Sie auf die Spannung in Ihrer Hand und in Ihrem Unterarm.
- Lassen Sie dann vollständig los, lassen Sie Hand und Unterarm ganz locker. Achten Sie darauf, wie sich die Muskeln Ihrer Hand und Ihres Unterarms allmählich immer mehr entspannen, achten Sie auch auf die Entspannung in den einzelnen Fingern.
- Wiederholen Sie die Übung mit der anderen Hand.
- Dann wiederholen Sie die Übung mit beiden Händen.

- Als nächstes spannen Sie einen Oberarm an. Winkeln Sie den Ellbogen an und spannen Sie die Oberarmmuskeln fest an. Achten Sie auf die Spannung.
- Lassen Sie dann den Oberarm wieder ganz locker und lassen den Arm bequem ruhen. Achten Sie auf die Empfindung der Entspannung im Oberarm.

- Wiederholen Sie die Übung mit dem anderen Oberarm.
- Dann wiederholen Sie die Übung mit beiden Oberarmen.

- Konzentrieren Sie sich jetzt auf die Stirn. Ziehen Sie die Augenbrauen fest nach oben, so dass auf der Stirn Querfalten entstehen. Beobachten Sie die Spannungsempfindungen an der Stirn.
- Dann entspannen Sie die Stirn wieder, lassen sie glatt werden und gelöst wie eine glatte, leere Fläche. Spüren Sie, wie mit der Entspannung der Stirn die ganze Kopfdecke locker wird.

- Kneifen Sie jetzt die Augen zusammen, beißen Sie die Backenzähne zusammen und spannen Sie die Gesichtsmuskeln an, indem Sie eine Grimasse machen. Achten Sie auf die Anspannung der Augen, des Kiefers, der Lippen und des ganzen Gesichts.
- Lassen Sie dann das Gesicht ganz los und spüren Sie die Entspannung.

- Jetzt ziehen Sie die Schultern in die Höhe und gleichzeitig den Kopf ein. Achten Sie auf die Spannung, die dabei im Nacken und in der Schulter entsteht.
- Lassen Sie dann die Schultern wieder fallen und den Kopf ganz locker. Spüren Sie das angenehme Gefühl der Entspannung im Nacken und in der Schulter

- Spannen Sie die Rückenmuskulatur an, indem Sie die Schulterblätter nach hinten ziehen. Achten Sie auf die Anspannung im Rücken.
- Lösen Sie dann vollständig die Spannung der Rückenmuskulatur und achten Sie auf die Entspannung im Rücken.

- Spannen Sie Ihre Bauchmuskeln an, indem Sie Ihre Bauchdecke »hart« machen. Sie können auch den Bauch einziehen oder herausdrücken. Achten Sie auf die Anspannung im Bauch.
- Lassen Sie dann die Bauchmuskeln ganz locker. Achten Sie auf die Empfindungen der Entspannung im Bauch.

- Pressen Sie jetzt die Fersen auf den Boden, ziehen Sie die Fußspitzen Richtung Gesicht hoch und spannen Sie gleichzeitig Ihre Unterschenkel, Ihre Oberschenkel und die Gesäßmuskulatur an. Achten Sie auf die Spannung im Gesäß, in den Ober- und Unterschenkeln und in den Füßen.
- Dann lösen Sie die Spannung wieder. Und achten auf die Entspannungsempfindungen in den Muskelbereichen Gesäß, Beine und Füße.

- Spannen Sie zum Schluss alle Muskelgruppen gleichzeitig an: Ballen Sie die Fäuste, winkeln Sie die Ellbogen und spannen Sie die Oberarmmuskeln an, ziehen Sie eine Grimasse, ziehen Sie die Schultern hoch und den Kopf ein, spannen Sie die Rücken und Bauchmuskulatur an, pressen Sie die Fersen auf den Boden und ziehen Sie die Zehenspitzen hoch in Richtung Gesicht und spannen Sie Gesäß- und Beinmuskulatur an. Halten Sie kurz die Anspannung.

- Lassen Sie alle Muskeln vollständig los und achten Sie auf die Entspannung im ganzen Körper. Versuchen Sie mit jedem Ausatmen noch weiter, noch tiefer zu entspannen.

- Beenden Sie die Entspannung, indem Sie Ihre Hände langsam wieder anspannen, strecken und räkeln Sie sich, öffnen Sie allmählich die Augen und kommen Sie langsam wieder zurück.

Mit fortlaufendem täglichen Training können Sie dann immer schneller die Entspannung herbeiführen, so dass sie einzelne Muskelgruppen zu einer Gruppe zusammenfassen können: Arme, Kopf und Schultern, Rücken und Bauch, Beine.

Zum Schluss können Sie trainieren, alle Muskelgruppen gleichzeitig an- und dann zu entspannen, so dass Sie sich in Kürze tiefenmuskulär entspannen können.

Symptome oder körperliche Beschwerden (die keine organische Ursache haben) führen nicht nur zu einem Leiden des Betroffenen, sondern sie haben auch die positive Funktion, uns zu sagen: »Hier stimmt etwas noch nicht, hier gibt es noch unverarbeitetes Material ... etc.«

Körperliche Symptome (nicht organischer Ursache) sind ein ernst zu nehmendes Zeichen! Mit der Lichtstrahlübung können unangenehme Körpersensationen (ohne medizinischen Befund) gelindert werden.

Das ist eine sehr wohltuende Übung für den Körper. Aber sie muss geübt werden! Lesen Sie genau die Anleitungen durch und leiten Sie sich dann selbst an. Auch wenn es für Sie komisch anmutet, versuchen Sie es! Unbehaglichkeiten, Druckgefühle, Schmerzen (ohne organischen Befund) können damit gelindert werden. Suchen Sie sich den richtigen »Rahmen« dafür: Vielleicht nehmen Sie sich Ihre eigene Anleitung auf Kassette auf und hören Sie per Walkman ab; oder ein Partner gibt die Anleitungen; oder Sie leiten sich selber an zu einem Zeitpunkt und in einem Raum, der nur Ihnen gehört. Probieren Sie es einfach aus!

Anleitung zur »Lichtstrahlübung«

- Setzen Sie sich entspannt hin und machen Sie vorab die *»Achtsamkeitsübung Atmen«* aus dem Kapitel »Der erste Schritt« (Beobachtung der eigenen Atmung und Mitzählen beim Ein- und Ausatmen ... 1-2-3, 1-2-3-4).
- Konzentrieren Sie sich bitte auf eine einzelne, störende Körperempfindung (Kopfschmerzen, Kloß im Hals, Magendruck etc.). Geben Sie dieser Körperempfindung nach den folgenden Anweisungen eine Form. Es mag Ihnen zwar komisch erscheinen, Ihren Schmerzen und Ihren Körperempfindungen eine Form zu geben, aber versuchen Sie es einfach. Konzentrieren Sie sich auf die Körperempfindung und versuchen Sie, die folgenden Anweisungen zu befolgen:
- Konzentrieren Sie sich auf die Körperempfindung.
- Welche Form hat diese Empfindung (rund, eckig, oval, schwammig etc.)?
- Welche Farbe hat diese Form?
- Welche Temperatur hat diese Form?
- Welche Oberflächenbeschaffenheit hat diese Form (rauh, glatt, spröde, weich, etc.)?
- Welche Farbe ist für Sie in besonderer Weise mit Heilung verbunden?
- Stellen Sie sich vor, dass ein Lichtstrahl in dieser Heilungsfarbe durch Ihre Schädeldecke strömt und durch Ihren Kopf bis zu der Form in ihrem Körper fließt.
- Stellen Sie sich vor, das Licht kommt vom Himmel, aus dem Kosmos: Je mehr Sie davon benötigen, desto mehr ist verfügbar. Der Lichtstrahl fließt von selbst zu dieser Form in Ihrem Körper und um sie herum, durchflutet sie und versetzt sie in Schwingungen ... Und indem dies geschieht, was passiert mit der Form? ...
- Beobachten Sie einfach, was mit der Form passiert. Beobachten Sie einfach immer weiter, was mit der Form passiert, und nehmen Sie wahr, was mit der Form geschieht ...
- Bleiben Sie geduldig und lassen Sie den Lichtstrahl so lange fließen, wie es angenehm ist ... und Sie beobachten einfach, was er mit der Form macht ...

- Wenn sich ein angenehmes Körpergefühl entwickelt oder wenn sich die Form so verändert, dass sie keine unangenehme Körperempfindungen mehr bewirkt oder wenn sie sich aufgelöst hat, dann können Sie den Lichtstrahl noch weiter nutzen:
- Lassen Sie jetzt den Lichtstrahl an Ihrem Kopf und Ihrem gesamten Körper herunterfließen ... Er fließt am Kopf herunter ... an den Schultern herunter ... über Brust und Bauch entlang ... an den Beinen und Füßen herunter bis in die Erde zurück.

- Sie sind jetzt ganz von dem Lichtstrahl eingehüllt ...
- Genießen Sie einen Augenblick das wohltuende Gefühl, von dem Lichtstrahl ganz eingehüllt zu werden.
- Kommen Sie dann mit Ihrer Aufmerksamkeit wieder langsam zurück in den Raum.

Misstrauen, Gefühl der Unsicherheit

Wenn Sie ein traumatisches Ereignis erlebt haben, wird Ihr Selbst- und Weltverständnis schwer erschüttert und damit auch Ihr Gefühl für Sicherheit. Als prinzipiell gesunde Reaktion darauf entsteht ein Gefühl der Unsicherheit anderen Personen und Situationen gegenüber sowie eine Selbstunsicherheit. Häufig wird dieses Unsicherheitsgefühl nicht nur bei Unfall- oder tatähnlichen Situationen erlebt, sondern generell auch bei anderen Situationen, in denen die Betroffenen vorher keine Unsicherheit verspürt haben (abends aus dem Haus gehen, öffentliche Plätze begehen, neue Personen kennen lernen etc.).

> Vorsicht und Misstrauen sind gute Dinge, nur sind auch ihnen gegenüber Vorsicht und Misstrauen nötig.
> *Christian Morgenstern*

Dieser Sicherheitsverlust führt für einige Zeit zu einem Misstrauen anderen Personen und Situationen gegenüber. Die Sorglosigkeit, mit denen Sie früher Personen und Situationen – auch fremden – begegnet sind, ist erschüttert worden. Mit dem Ereignis ist Ihre Welt um Sie herum unsicherer geworden und mit Recht begegnen Sie dieser Welt jetzt mit Skepsis und Misstrauen.

Diese Reaktionen, Gefühl der Unsicherheit und Misstrauen, sind erst einmal gesunde Schutzreaktionen auf ein traumatisches Erlebnis. Sie schützen sich damit vor weiteren potenziell bedrohlichen Situationen.

Diese Schutzreaktionen sind aber auch Reaktionen, die langsam und mit etwas Zeit abgebaut werden.

> Ein Kind, das seine Finger an der Herdplatte verbrannt hat, vermeidet erst einmal den Herd, bis es langsam lernt, mit dem Herd so umzugehen, dass es sich nicht mehr verbrennt.

Erst im weiteren zeitlichen Verlauf, indem Sie wieder das Gefühl der Sicherheit in einzelnen Situationen »lernen«, baut sich wieder ein generelles Sicherheitsgefühl auf und Misstrauen ab.

Sie können sich selber darin unterstützen, ein Gefühl der Sicherheit wieder aufzubauen, indem Sie sich erst einmal in Sicherheit bringen und dort bleiben. Das heißt:

- Halten Sie sich an Orten auf, an denen Sie sich sicher fühlen.
- Begeben Sie sich in Situationen, die für Sie überschaubar und kontrollierbar sind und in denen Sie sich sicher fühlen.
- Umgeben Sie sich mit Personen, denen Sie vertrauen und bei denen Sie sich sicher fühlen.

Das kann zu einzelnen Verhaltensweisen führen, die Sie für sich selber als befremdlich empfinden, die aber nichts anderes sind, als die Anwendung »alltäglicher Sicherheitstechniken«. Zum Beispiel:

- Rollläden bei Einbruch der Dunkelheit herunterlassen
- Wohnungs-, Haus- und/oder Badezimmertüren verriegeln
- Nur in Begleitung im Dunkeln vor die Tür gehen
- Nur in Begleitung öffentliche Plätze (z.B. Supermarkt) aufsuchen
- Mit einer Licht- oder Geräuschquelle (Fernseher, Radio) einschlafen
- Fernreisen vermeiden, bzw. sich nur in bekannter Umgebung aufhalten
- ...

Ein weiteres Hilfsmittel zum Wiederaufbau des Sicherheitsgefühls ist es, den Tages- und Wochenablauf möglichst klar zu strukturieren und dabei möglichst viele liebgewonnene Gewohnheiten aufzunehmen:

- Feststehende Aufsteh- und Schlafenszeiten
- Feststehende Zeiten für Sport oder andere regelmäßige Freizeitaktivitäten
- Essensrituale bzw. gewohnte Frühstücks-, Mittagessens-, Abendessensrituale
- ...

Je klarer und überschaubarer Ihr Tages- und Wochenablauf strukturiert ist, desto schneller werden Sie sich wieder sicher darin bewegen. In diesem klar strukturierten Tages- und Wochenablauf können Sie auch gezielt Übungen (z.B. Entspannungsübungen, imaginative Übungen) fest verankern.

Nur bei der Wiederaufnahme der Arbeit sollten Sie erst sorgfältig überprüfen – gegebenenfalls auch medizinisch oder psychologisch, wann Sie physisch und psychisch in der Lage sind, die täglichen beruflichen

Anforderungen zu bewältigen (das gilt besonders, wenn der Arbeitsplatz der Unfall- oder Tatort ist).

Wichtig ist: Nehmen Sie sich Zeit für die Verarbeitung des traumatischen Ereignisses.

Misstrauen und Gefühle von Unsicherheit sind prinzipiell sinnvolle Schutzreaktionen. Der Wiederaufbau eines generellen Sicherheitsgefühls geschieht schrittweise und benötigt Zeit.

Trauer

Das Wort ›trauern‹ ist wahrscheinlich verwandt mit dem sehr alten gotischen Wort für »niederfallen«, »sinken; matt, kraftlos werden«; demnach wäre die Bedeutung von trauern »in sich zusammensinken, den Kopf sinken lassen, die Augen niederschlagen« also alles typische Trauergebärden des Menschen. Trauer ist ein seelischer Schmerz über einen Verlust oder ein Unglück.

Der Verlust einer nahe stehenden Person ist immer ein schwerwiegendes Ereignis. Besonders schwer wird der Verlust, wenn der Tod plötzlich und unvorhergesehen eingetreten ist bzw. durch einen Unfall oder einer Gewalttat verursacht wurde.

Trauer ist eine normale Reaktion auf den Verlust und benötigt Zeit. Nicht umsonst spricht der Volksmund vom »Trauerjahr«. Aber auch hier ist die Dauer der Trauer und die Schwere der Trauerbelastung abhängig von den Todesumständen. Der plötzliche und unvorhersehbare Tod eines Nahestehenden oder der Tod durch eine Gewalttat ist ein besonders schweres

Der Heilige im Paradies

Es war einmal ein heiliger Mann, der war ein Vertrauter Gottes, und seine Gebete wurden erhört. Eines Tages bat er Allah, er möchte den Tod sehen, um zu wissen, wie der sei. Da zeigte ihm Allah den Tod. Ein andermal bat der Heilige Allah, er möge das Paradies betreten dürfen, und da ließ ihn Allah das Paradies betreten. Als der Heilige alles angesehen hatte, sprach Allah zu ihm: »Nun komm wieder heraus!« Aber der Heilige gehorchte ihm nicht, sondern sprach zu Allah: »Das Paradies ist so überaus schön, lass mich doch darin verweilen.« Allah sprach zu ihm zum zweiten Mal: »Du sollst herauskommen, denn nur wer den Tod gesehen hat, darf im Paradies bleiben!« Da antwortete der Heilige: »Du hast mir doch den Tod schon gezeigt, so bleibe ich auch im Paradies.« Da ließ ihn Allah im Paradies.
Märchen der Berber

traumatisches Ereignis für die Hinterbliebenen und kompliziert den Trauerprozess.

Trauerreaktionen sind posttraumatische Belastungsreaktionen, sowohl hinsichtlich der Symptome als auch hinsichtlich der Wechsel zwischen Phasen von Leugnung, Vermeidung, Hemmung und Phasen von Sich-Einlassen und fortschreitender Durcharbeitung.

Wie bei dem Prozess der psychischen Traumatisierung verläuft auch der Trauerprozess grundsätzlich in drei Phasen:

> Du kannst nicht verhindern, dass die Vögel der Trauer um deinen Kopf kreisen.
> Aber du kannst verhindern, dass sie darin Nester bauen.
> *japanisches Sprichwort*

1. Schockphase: Hier dominieren Betäubung, Schock, Verleugnung, »Gefühlstaubheit«, Rationalisierung und Intellektualisierung. Die Betroffenen beschreiben sich häufig als »wie in Watte gepackt«; häufig hört man von ihnen: »Morgen stehe ich auf und der Albtraum ist vorbei«, »Die Tage, die Zeit, das Leben rauscht vorbei«, »Ich funktioniere und reagiere wie ein Automat« (»Autopilot«).

2. Einwirkungsphase: Zunehmend wird der Tod und der Verlust realisiert, verbunden mit intensiven Emotionen wie Verzweiflung, Schmerz, Angst und Depression. Die Betroffenen ziehen sich zurück und fühlen sich isoliert vom Leben. Phasen des Schmerzes (sogenannte ›Trauerschübe‹), der Verzweiflung und des Durcharbeitens wechseln sich häufig ab mit Phasen der Leugnung, Vermeidung und Abwehr.

3. Anpassungs-, Erholungs- und Integrationsphase: Die Betroffenen passen sich zunehmend an ein Leben an, in dem der Verlorene fehlt. Zunehmend erfolgt eine Hinwendung zu neuen Personen und Erholung. Integration ist dann erfolgt, wenn für den Toten ein Platz im weiteren Leben gefunden wurde, der Erinnerungen zulässt, ohne das weitere Leben zu behindern.

Die Dauer der Phasen hängt von den Todesumständen ab. Bei Tod nach Gewalttaten kann die Schockphase bis zu zwei Monaten dauern. Der Tod durch Gewalttaten verstößt unter Umständen gegen zwei Lebensgesetze: Ein Mensch stirbt auf eine nicht natürliche Art und Weise; und: Kinder sterben vor ihren Eltern. Die Betroffenen berichten im Nachhinein, dass sie selber kaum wüssten, wie die Zeit vergangen sei. Sie handeln und reagieren fast automatisch, Gefühle werden vermieden und sie fühlen sich »taub«. Danach beginnen sie, den Verlust zunehmend zu realisieren, eine Prozessphase, die mit intensivem Trauerschmerz verbunden ist. Neben der allgemeinen Traurigkeit kommt es hierbei zu den erwähnten und oft hoch belastenden Trauerschüben, einem Zustand tiefsten Trauerschmerzes, der die Betroffenen sehr viel Kraft und Energie kostet. Wichtig ist, dass die Betroffenen lernen, dass sie den Trauerschmerz aushalten können und dass nach einem Trauerschub wieder ein ruhigerer Zustand erreicht wird, indem die intensiven Trauergefühle abgewehrt und vermieden werden

Wenn man den gesamten Trauerprozess als Linie beschreibt, so sieht man in den seltensten Fällen ein stetiges Ansteigen der Verarbeitung. Vielmehr durchzieht den gesamten Trauerprozess ein ständiger Wechsel von Phasen intensiven Trauerschmerzes und Phasen der Abwehr, die insgesamt aber eine steigende Verarbeitung zeigen:

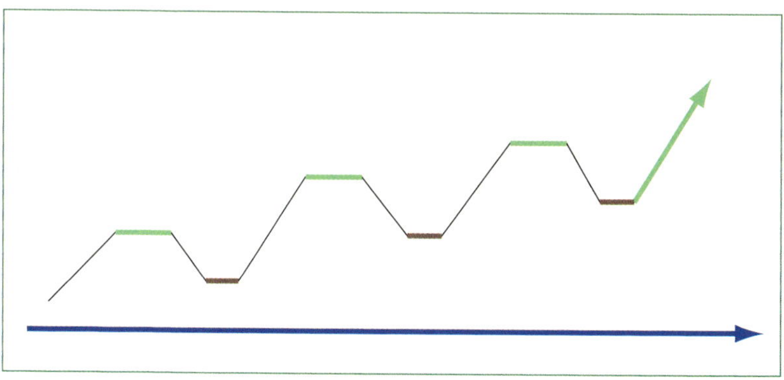

Das ist wichtig zu wissen. Durch die lange Dauer des Trauerprozesses (ca. ein Jahr, bei plötzlichem und unvorhersehbarem oder gewaltsamem Tod sogar noch länger) sorgen sich die Betroffenen häufig darüber, dass der jeweilige Prozesszustand der endgültige für die weitere Zukunft sei. So sorgen sich die Betroffenen z.B. in einer Phase der Abwehr und Vermeidung, dass sie nie mehr etwas empfinden oder nie mehr weinen könnten, weil das in der Phase, die sie gerade durchleben, eben so ist. In Phasen des Durcharbeitens und des intensiveren Trauerschmerzes befürchten die Betroffenen häufig, dass sie in Zukunft immer so schmerzhaft leiden müssten.

Auch wenn es sehr viel Kraft kostet, so ist dieses ständige Auf-und-Ab ein gutes Zeichen dafür, dass der Trauerprozess vorangeht, wenn insgesamt das Auf-und-Ab ansteigende Tendenz zeigt.

Trauersymptome sind nicht nur psychische Reaktionen wie z.B. Depression, Schlaf- und Konzentrationsstörungen, Übererregung und Nervosität, sondern können auch *somatische Reaktionen* sein, wie z.B. Atem- oder Rückenbeschwerden, Magen-Darm-Störungen, Herz-Kreislauf-Störungen. Bei körperlichen Beschwerden sollte in jedem Fall auch ein Arzt aufgesucht werden!

Trauerarbeit ist Schwerstarbeit! Hinterbliebene müssen folgende »Traueraufgaben« bewältigen:

- Den Verlust realisieren und akzeptieren
- Trauerschmerz erfahren und aushalten
- Sich an eine Umgebung anpassen, in der der Verstorbene fehlt
- Emotional für den Toten einen Platz im weiteren Leben finden, der Erinnerungen zulässt, ohne die weitere Lebensbewältigung zu behindern

Dazu kommen häufig zusätzliche Belastungen im sozialen Umfeld.

Oft sind die Trauernden damit konfrontiert, dass Bekannte, Freunde, Angehörige, Kollegen schon nach wenigen Monaten oder sogar Wochen erwarten, dass der Trauernde »den Verlust verschmerzt« hat und sich wieder in der Gemeinschaft so verhält wie vor dem Verlust. Das ist eine enorme Belastung und Enttäuschung für den Betroffenen, der gerade im Trauerprozess auf Trost und Zuwendung von anderen angewiesen ist.

Das führt auch häufig dazu, dass sich der Betroffene rechtfertigen muss, dass er noch nicht so aktiv und freudig am Gemeinschaftsleben teilnehmen kann wie vorher.

Kompliziert wird es dann für das Umfeld, wenn der Betroffene zeitweilig gutgelaunt erscheint, was in dem ständigen Stimmungswechsel des gesamten Trauerprozesses sehr wohl vorkommt. Aber: »Einmal gelacht, heißt noch nicht bewältigt!«

Und es gehört eine große Selbststärke dazu, dahingegen aktiv zu vertreten: »Ich bin noch nicht soweit und damit müsst ihr klar kommen.«

Eine weitere Belastung für die Betroffenen ist, dass die Personen im Umfeld oft unsicher sind, wie sie sich einem zutiefst Trauernden gegenüber verhalten sollen. Das führt dann häufig dazu, dass sie sich abwenden und der Trauernde weiter sozial isoliert wird.

Ungerechtfertigte Anforderungen und Erwartungen müssen im Trauerprozess abgelehnt werden.

Trauerarbeit ist wichtig! Und sie kostet Zeit.

Das Geheimnis und die Stärke der Kinder: Wie gehen Kinder mit seelischen Verletzungen um?

»Das Wesentliche ist für die Augen unsichtbar.«
Antoine de Saint- Exupery

Vor Beantwortung dieser Frage, halten wir es für sehr wichtig zu erwähnen, dass sich die Ausführungen in diesem Kapitel vor allem an die Eltern von betroffenen Kindern richten; aber auch Lehrer und verantwortungsvolle Bezugspersonen sowie erwachsene Vertrauenspersonen der Kinder möchten wir hier ansprechen.

Für Kinder gelten die gleichen Grundsätze der Intervention und Hilfe wie für Erwachsene. Interventionen müssen natürlich kindgerecht umgesetzt werden, d.h. altersgerecht, klar, konkret, vorstellbar, kontrollierbar, greifbar; und sie müssen die jeweiligen entwicklungstypischen Themen und Ängste der Kinder aufgreifen, d.h. es ist wichtig, darauf zu achten, ob ein Kind gerade ein Verhalten an den Tag legt, das zwar auffällig ist gegenüber seinen sonstigen Verhaltensweisen und dadurch auf eine momentan stattfindende Entwicklungsphase hindeutet, oder ob das beobachtbare Verhalten möglicherweise Ausdruck einer akuten Überforderung durch ein belastendes Ereignis darstellt. Kinder entwickeln sich sehr schnell. Und der Übergang von einer Entwicklungsstufe zur nächsten dauert in seiner kritischen Phase allenfalls ein paar Wochen oder maximal drei Monate. In dieser Zeit erfolgen bestimmte Anpassungsreaktionen, d.h. das Kind muss sich mit der neuen Situation auch erst mal zurecht finden.

Als Faustregel kann gelten, dass alles das, was an außergewöhnlichem Verhalten bei einem Kind zu beobachten ist, dann intensiver unter die Lupe genommen werden sollte, wenn es deutlich länger als drei Monate dauert. In diesem Fall ist es hilfreich, sich den Rat eines Experten, z.B. eines Kinder- und Jugendlichentherapeuten zu holen. Zuvor sollten Sie jedoch immer erst mit dem Kinderarzt sprechen, um eine medizinische Ursache auszuschließen.

Kinder sind voller Überraschungen. Und das gilt auch für ihre Reaktionen und ihr Verarbeitungsverhalten von extrem belastenden Ereignissen, Grenzverletzungen und Erlebnissen, die weit außerhalb der kindlichen Erlebnis- und Vorstellungswelten liegen. Wenn wir von Kindern sprechen, meinen wir die Altersgruppe der etwa Ein- bis Zehnjährigen. Für die Älteren und für Jugendliche gelten die altersgerecht umgesetzten Grundsätze der Intervention und Hilfe für Erwachsene.

Für Kinder gibt es fünf ganz bemerkenswerte Besonderheiten, deren Kenntnis den Umgang mit ihnen erleichtern kann:

- Kinder sind Symptomträger
- Kinder zeigen den sogenannten *Rantanplan-Effekt* (verzögerte traumatische Reaktion)
- Kinder sind Künstler im Verbergen (manchmal sogar jahrelang) und Verschlüsseln von traumatischen Anzeichen (vor allem wenn sie glauben, Mama und Papa würden sich darüber freuen, wenn sie tapfer oder stolz sind)
- Kinder wollen ihre Stärken zeigen, nicht ihre Schwächen (Ich bin größer, kann das besser, ich bin Erster, schneller usw. ...)
- Kinder spielen eigentlich immer. Oft sind es Erlebnisspiele, Rollenspiele, Fantasiespiele; nach außergewöhnlichen Erlebnissen können es sehr oft auch lösungsorientierte Wiederholungsspiele sein, die das traumatische Erlebnis zum Inhalt haben; das Spielen hilft beim Suchen von Lösungen und unterstützt den kindlichen Verarbeitungsprozess. Kinder können besser spielen als Erwachsene! Daher sollte das Spiel eine zentrale Rolle während der Hilfe bei Kindern spielen.

> Was für Kinder gut ist, kann für Erwachsene nicht schlecht sein!
> *Griechisches Sprichwort*

Mit Rantanplan-Effekt bezeichnen wir die verzögert auftretende traumatische Reaktion bei Kindern. Rantanplan ist ein Hund aus einem Comicstrip (»Lucky Luke«).

Das besondere an Rantanplan ist, dass er, was immer auch passiert, zunächst einmal überhaupt keine Reaktion zeigt: egal ob sein Herrchen ihn ruft oder er von einer Postkutsche überrollt wird. Rantanplan bleibt immer ruhig liegen und bewegt sich nicht. Dann aber, Stunden oder auch Tage später, springt er wie von der Tarantel gestochen in die Höhe, jault, schreit, rennt zu seinem Herrchen, der dann überhaupt nicht weiß, warum es bei der ganzen Aufregung geht.

Ähnliches Verhalten beobachtet man oft bei Kindern nach traumatischen Ereignissen. Sie zeigen zunächst auch erst keine Reaktion, weil sie ja Künstler im Verbergen sind und keine Schwächen zeigen wollen, aber dennoch ein Gefühl in sich tragen, das dann später, wenn man möglicherweise gar nicht damit rechnet,; zum Ausdruck drängt. Weil dann aber für die Erwachsenen oft der konkrete Bezug zum auslösenden Gefühl nicht erkennbar ist, können sie möglicherweise falsch oder unangemessen reagieren.

Kinder sind wie Spiegel. Sie nehmen alles auf was sie beeindruckt, um es dann sofort oder kurze Zeit später wieder zum Ausdruck zu bringen. Kinder lernen durch Beobachtung und Imitation, und es geht soweit, dass sie ihre Eltern oder andere wichtige Bezugspersonen bis ins kleinste Detail nachahmen. »Ich will so sein wie du« lautet das kindliche Lernprogramm. Eltern geben dem Kind Sicherheit, indem es von ihnen lernt, sich selbst zu vertrauen, wodurch es die eigenen Fähigkeiten spielerisch entwickeln kann. »Ich bin anders als du« lautet dieses Programm.

Etwa zwischen dem zweiten und dritten Lebensjahr ist die sogenannte Ich-Entwicklung beim Kind abgeschlossen. Ich-Entwicklung bedeutet, dass ein Kind sich als eigenständige Person wahrnimmt: »Ich bin ich, und andere sind andere«. Ein Kind weiß, wo es aufhört und wo ein anderer Mensch anfängt. Sprachlich wird der Abschluss der Ich-Entwicklung dadurch deutlich, dass ein Kind von sich selbst nicht mehr mit dem eigenen Namen spricht (von »Arnika will noch eine Cola« zu »Ich will eine Cola!«).

Bis zu dieser Zeit ist die Welt gegenständlich, sie besteht nur aus Gegenständen und Dingen, die man entdecken kann, und natürlich aus Mama und Papa. Das Kind wird sozusagen ›von den Eltern angefangen‹, bis es sich dann ›selbst anfängt‹. Kinder machen in dieser Zeit keinen Unterschied in ihren Liebesgefühlen gegenüber Menschen und Spielsachen. Sie streicheln ihre Lieblingsspielsachen genauso innig und lieb, wie sie vielleicht auch einmal ihre Mama streicheln.

Um herauszufinden, wie man aber so wird wie Mama und Papa, müssen die Kinder natürlich erst mal das machen, was sie sehen, auch ohne es zu verstehen. Gibt ihnen ein beobachtetes Verhalten Sicherheit (»Ich kann das auch«), fangen sie an, selbstständig damit zu experimentieren. Das entspricht dem Programm »Ich bin anders als du«. Erst sind die Eltern stolz, dass ein Kind genauso reagiert, wie sie es sich vielleicht wünschen, und plötzlich verstehen sie die Welt nicht mehr, wenn das Kind genau das Gegenteil von dem macht, was es zuvor gelernt hat.

Erstes Geheimnis der Kinder: Sie sind Zauberer. Sie können plötzlich Dinge, ohne das wir mitbekommen haben, dass und wo sie sie gelernt haben.

Zweites Geheimnis: In dem Moment, in dem sie ein gelerntes Verhalten beherrschen, bauen sie absichtlich Fehler ein und fordern uns Erwachsene heraus, um weiter daran zu lernen.

Drittes Geheimnis: Kinder sind ›gegenwärtiger‹ als Erwachsene. Kinder *sind* das, was sie gerade tun.

Viertes Geheimnis: Kinder können in die Zukunft blicken, weil sie wissen, dass sie den nächsten Augenblick ganz bewusst gestalten können und zwar so, wie sie es wollen.

> Spiele sind die Schlüssellöcher zu den geheimen Fantasieräumen der Kinder

Den stärksten Eindruck von dem, was Kinder bewegt, können wir in ihren Spielen erkennen. Das Spielen der Kinder ist quasi ein in Bewegung oder Kreativität umgesetztes, kindliches Gefühl. Innen ist wie außen und Äußeres wird zu Innerem. Kinder werden in ihren Spielen von magischen Fantasien und zauberhaftem Denken geleitet. Und weil das so viel Spaß macht, wiederholen sie es immer und immer wieder. Sie genießen dabei das Gefühl, nicht die Handlung. Auch die kindlichen Gefühle

Vor allem brauchen **Kinder** aber die drei großen **Z**:

Zeit

Zuwendung

Zärtlichkeit

verändern sich und finden unmittelbaren Ausdruck im Spielzeug. Das kann dann auch schon mal Zerstörung sein. Spiele helfen den Kindern, sich in der Welt zurecht zu finden, indem sie sich fühlen. Über das Spiel holen sich Kinder natürliche Rauschzustände. Und zwar mit großem Vergnügen und ganz viel Spaß. Verständlich wird dadurch auch ihre Reaktion, wenn sie dann plötzlich ins Bett gehen sollen. Mama und Papa werden zum Spielverderber, weil sie ein anderes Gefühl vermitteln. Wir haben das Kind in seinem Gefühl gestört. Das Kind wehrt sich natürlich erst mit Wut und Tränen, später vielleicht mit dem einen oder anderen Trick, um Zeit zu schinden. Wenn die Eltern das Zubettgehen mit in das kindliche Spiel einbeziehen, kann es dem Kind sogar großes Vergnügen bereiten – und zwar mit großer Regelmäßigkeit.

Langer Rede kurzer Sinn: Kinder sind hundertprozentige Gefühlsmenschen. Sie können von einer Sekunde zur anderen vom Lachen in einen Tränenrausch und Wutausbruch geraten und sofort wieder zurück. Mit

Tränen in den Augen lachen sie dann auch wieder aus tiefstem Herzen. Sie können es, weil sie sich zu jedem Augenblick ganz genau fühlen und das unmittelbar zum Ausdruck bringen.

Wenn Kinder ein neues Verhalten zeigen, bedeutet dies gleichzeitig auch immer ein neues Gefühl für sie. Ihr Verhalten ist nur ein Symptom und nicht umgekehrt. Kinder sind Symptomträger. Ihr Verhalten spiegelt sehr genau ihre innere Erlebniswelt als Reaktion auf ein Ereignis wider oder das Gefühl, bei dem sie gestört worden sind.

> Es gibt kein Wunder für den, der sich nicht wundern kann.
> *Marie von Ebner-Eschenbach*

Das gilt auch und insbesondere für traumatische Erlebnisse der Kinder.

In der Arbeit mit traumatisierten Kindern hat uns ein Satz von Eltern, Lehrern und Erziehern immer massiv geärgert: »Mein Kind ist gestört. Helfen sie ihm!«

Als Kinder- und Jugendlichentherapeut hat man vor allem die Hauptaufgabe, sogenannten »gestörten Kindern« zu helfen. Jedoch ist dabei zu berücksichtigen, dass es in den seltensten Fällen zutrifft, dass ein Kind gestört ist. Wichtiger ist zu fragen, wobei ein Kind gestört wurde: beim Spielen, beim fröhlich, traurig oder wütend sein, beim Entwickeln seiner Fähigkeiten oder beim Bewältigen von Problemen. Anstatt dem Kind zu helfen, wird es behindert (wütend zu sein, traurig zu sein) und ist am Ende dann »behindert« (traurig, wütend usw.).

Das Leben von Kindern ist zu jedem Zeitpunkt, zu jeder Sekunde ›sinnvoll‹ im wörtlichen Sinne voller Sinne: sehen, hören, riechen, schmecken, anfassen usw. Die Welt ist gegenständlich (»konkretistisch«) und besteht aus Personen.

Die Erziehung von Kindern sollte in erster Linie so ausgerichtet sein, dass sie ihre eigenen Stärken nutzen und Anleitungen bekommen, die Dinge selbst zu tun. Die ›Hebammenkunst‹ der Erziehung besteht darin, die individuellen Fähigkeiten und Fertigkeiten eines Kindes zu erkennen, sie zu fördern und dem Kind letztlich dabei zu helfen, seine Ideen und Fantasien auf die Welt zu bringen.

Aus der Genieforschung sind vor allem zwei Erkenntnisse besonders interessant: Die sogenannten Genies (z.B. Einstein, Beethoven) hatten in ihrem Leben immer zwei Lehrer. Der erste vermittelte dem Kind »die Liebe zum Objekt«, d.h. unendlichen Spaß und Freude an dem, was es tut. Der zweite Lehrer kam zu einem späteren Zeitpunkt und vermittelte dem Kind technische Perfektion. Er achtete darauf, wie ein Kind etwas tut. Später verbindet sich dann die Liebe zum Objekt mit technischer Perfektion und setzt darüber grenzenlose Potenziale und geniale Fähigkeiten frei.

Zu jedem Zeitpunkt seiner Entwicklung beschäftigt sich das Kind mit alterstypischen Themen und Problemen. Darüber hinaus suchen sich Kinder »Übergangsobjekte«, die ihnen den Schritt von einer Entwicklungsstufe zur nächsten erleichtern. Das können Pullover, Lieblingshosen, Schnüffeltücher oder andere Talismane sein.

Wo weder zum Weinen Kraft ist
noch zum Lachen,
lächelt der Humor unter Tränen.
Karl Kraus

Zunächst tun Eltern alles mögliche, damit ihre Kinder laufen lernen, um sie kurz danach aufzufordern, still zu sitzen. Dann sollen sie sprechen lernen, um kurz danach zu hören, sie sollten still sein und den Mund halten. Wie soll ein Kind diese Doppelbotschaften verstehen? Wenn ein Kind etwas nicht versteht, kann es unbewusst Schuldgefühle entwickeln, weil es glaubt, die Ursache für das Ereignis zu sein.

Kinderseelen sind sehr zerbrechlich. Wenn Kinder von extrem belastenden Ereignissen betroffen sind, verfügen sie je nach Alter noch nicht über ausreichende Schutzfunktionen und haben zu wenig Ressourcen zur Bewältigung der außergewöhnlichen Erfahrungen. Die Welt der Kinder bis zum Alter von etwa zehn Jahren besteht nur aus Personen und Gegenständen. Ihre Welt besteht aus Mama und Papa, unter deren Schutz sie stehen, und die Welt besteht aus lauter unbekannten Dingen, die es zu erforschen gilt. Kinder werden vom Zeitpunkt der Geburt beeindruckt, d.h. sie nehmen ihre Umwelt auf und zwar zunächst nur über körperliche Sinneseindrücke und über die Augen. Und alles, was Kinder aufnehmen, drücken sie früher oder später wieder aus. Das ist ganz normal: Sie spielen eine Situation nach, sie malen, sie basteln oder sie erzählen, oft vermischt mit eigenen Fantasien, Wünschen und Ängsten. Noch einmal: Kinder sind das, was sie spielen. Da gibt es keine Grenze. Spielen ist leben. Chaos auch. Kinder brauchen Chaos, um darin zu gedeihen.

Kinder wollen ausprobieren, jeden Augenblick. »Wie weit kann ich gehen«, ist ein spannendes Experiment für Kinder. »Welche Reaktionen

Eure Kinder sind nicht eure Kinder.
Sie sind die Söhne und Töchter der Sehnsucht des Lebens nach sich selber.
Sie kommen durch euch, aber nicht von euch,
Und obwohl sie mit euch sind, gehören sie Euch doch nicht.
Ihr dürft ihnen eure Liebe geben, aber nicht Eure Gedanken,
Denn sie haben ihre eigenen Gedanken.
Ihr dürft ihren Körpern ein Haus geben, aber nicht ihren Seelen,
Denn ihre Seelen wohnen im Haus von morgen, das ihr nicht besuchen könnt, nicht einmal
In euren Träumen.
Ihr dürft euch bemühen, wie sie zu sein; aber versucht nicht, sie euch ähnlich zu machen.
Denn das Leben läuft nicht rückwärts, noch verweilt es im Gestern.
Ihr seid die Bogen, von denen eure Kinder als Lebende Pfeile ausgeschickt werden.
Der Schütze sieht das Ziel auf dem Pfad der Unendlichkeit, und Er spannt euch mit Seiner Macht, damit seine Pfeile schnell und weit fliegen.
Lasst euren Bogen von der Hand des Schützen auf Freude gerichtet sein;
Denn so wie Er den Pfeil liebt, der fliegt, so liebt Er auch den Bogen, der fest ist.
Khalil Gibran: Der Prophet

löse ich aus«, ist noch viel spannender. Kinder trotzen und provozieren, reagieren nicht, wie Erwachsenen es wollen.

Wichtig ist, dass Eltern gegenüber ihren Kindern eigene Ängste nicht zeigen sollten, um die Kinder nicht zu verunsichern oder weiter zu überfordern. Mama und Papa sind die Welt des Kindes, und wenn die nicht mehr sicher ist, wie sollen es dann die Kinder sein? Kinder brauchen immer volle Aufmerksamkeit. Die »Frühwarnsysteme« der Kinder sind besonders empfänglich für die Gefühle der Eltern.

Bei allen Maßnahmen sollte daher unbedingt beachtet werden:

- Eltern sollten weitere Bezugspersonen des Kindes mit einbeziehen
- So lange warten, bis die Kinder sich beruhigt haben
- Den Kindern möglichst viel im voraus erklären
- Wiederholen, wiederholen, wiederholen

Kinder sind wie Bücher.
Wir können in sie hineinschreiben
und aus ihnen lesen.
Peter Rosegger

Reden ist in diesem Fall Gold und Schweigen leider nur Silber. In der psychologischen Akutintervention bei Kindern sollten auch dort deren Stärken gestärkt werden und ihnen geholfen werden, möglichst viel selbst zu tun.

Wichtig ist, dass Eltern oder andere Helfer Ruhe und Kompetenz zeigen und sich nicht durch einen »Beziehungstest« (»Werde ich geliebt«, »Kann ich vertrauen«) verunsichern lassen.

Man braucht keine Angst zu haben, schlafende Hunde zu wecken: Die Gefühle der Kinder sollten immer angesprochen werden. Hilfreich und unterstützend können hier Kuscheltiere oder andere kleine Spielzeuge sein. Ebenso wichtig ist auch eine für das Kind verstehbare Klarheit und Wahrheit. Geben Sie dem Kind so viele Informationen wie möglich und entlasten Sie es von Schuldgefühlen, indem Sie z.B. immer wieder sagen: »Du hast nichts verkehrt gemacht«.

Es kommt darauf an, *wie* ein Kind etwas erlebt, nicht *was* es erlebt (Operation, Trennung, Unfall, ...).

Beruhigen Sie die Kinder. Auch wenn sie schon älter sind, kann man sie auf den Arm nehmen, tragen: Gut ist jede Form von Körperkontakt, ohne die Bewegungsfreiheit des Kindes einzuschränken; nicht hätscheln, sondern sanfte Berührungen.

Erfragen Sie die Symptome der Kinder in Form von Bildern: Was hat diese Angst für einen Namen, wie sieht sie aus (»Angstmännchen« malen), etc. Verwandeln Sie die Symptome in Farben, Gegenstände, Töne usw. Aber das Ereignis bitte nicht direkt ansprechen: Erzählen sie lieber Geschichten, Märchen, lassen sie das Kind malen, basteln oder wozu es gerade Lust hat. Lassen Sie die Kinder weinen, und gehen Sie immer (!!) sofort hin, wenn Sie gerufen werden. Unterstützen Sie die Heilfähigkeit des Kindes, lenken Sie seine Aufmerksamkeit nicht ab und geben Sie keine Lösungen vor. Achten sie darauf, wenn sich das Kind wieder für seine Umwelt interessiert, denn dann beginnt es, sich neu zu orientieren. Wenn es sich beruhigt hat, nehmen Sie sich Zeit, um dem Kind Geschichten zu erzählen, Rollenspiele zu machen, Fingerpuppen zu spielen etc., die das Ereignis zum Inhalt haben: Kinder können möglicherweise Scham, Schuld, Angst, Trauer, Verwirrung, Wut usw. empfunden haben. Erzählen sie dem Kind, dass Sie auch schon mal so etwas erlebt oder gefühlt haben: Dadurch rückt das, was das Kind empfindet, in die Nähe seiner eigenen Realität.

Denkzettel

Ich kannte mal einen kleinen Jungen in England, der seinen Vater fragte: »Wissen Väter immer mehr als Söhne?«, und der Vater sagte: »Ja«. Die nächste Frage war: »Pappi, wer hat die Dampfmaschine erfunden?«, und der Vater sagte: »James Watt«. Darauf der Sohn: » – aber warum hat sie dann nicht James Watts Vater erfunden?«

Sagen sie dem Kind, dass es völlig normal ist, in einer solchen Situation so zu empfinden und zu reagieren. Vermitteln sie Zuversicht und Hoffnung.

Benutzen sie hilfreiche Wesen wie man sie z.B. in der Kinderliteratur findet (»Der kleine Tiger und der Bär«, »Die Biene Maja und Willi«). Denken sie nicht permanent darüber nach, ob sie alles richtig machen, denn Kinder sind Gefühlsmenschen und nehmen das auf, was ihnen gut tut. Heilung hängt eng zusammen mit dem Wahrnehmen von Gefühlen. Heilung ist ein langsamer Prozess, der langsamer verläuft, als wir es uns oft wünschen. Wie fühlt sich etwas an, wie reagiert etwas, wie verändert sich etwas?

Lassen sie die Kinder das Tempo bestimmen. Gehen sie kleine und sichere Schritte mit dem Kind. Seien sie geduldig. Kinder müssen sich zwischendurch ausruhen können und dürfen sich auch mal langweilen. Langeweile ist eine Phase der kreativen Indifferenz, d.h. Kinder müssen sich ab und zu langweilen, um auf neue Ideen und Lösungen zu kommen.

Geben Sie dem Kind klare Informationen und sprechen Sie Veränderungen an. Erklären Sie altersgerecht und sagen Sie dem Kind die Wahrheit, nichts als die Wahrheit, aber: niemals die ganze Wahrheit.

Sprechen Sie die Gefühle des Kindes an. Kinder brauchen Eltern und Bezugspersonen als Garanten für Sicherheit.

»Es ist, als ob die Stadt zwei Zähne verloren hat und nie wieder richtig lachen kann.«
Eddie, 9 Jahre, New York, 11. September 2001

Nach den Terroranschlägen in New York war besonders bemerkenswert, dass unmittelbar nach dem Anschlag und in den Folgetagen die am häufigsten zu beobachtende Erstreaktion bei Kindern und Jugendlichen folgende war: Sie machten sich auf den Weg zu den Eltern oder Großeltern, um sich dort in die Betten zu setzen, darin zu schlafen oder ihre Hausaufgaben zu machen oder Fernsehen zu schauen. Selbst wenn Eltern oder Großeltern nicht zu Hause waren, verbrachten sie dort Stunden und manchmal sogar

Tage. Offensichtlich haben die Kinder und Jugendlichen die Betten mit einer Art ›sicherem Ort in Verbindung‹ gebracht. Außerdem war zu beobachten, dass Jugendliche im Alter zwischen 14 und 17 Jahren nach den Terrorattacken plötzlich zu dauerhaften Zeitungslesern geworden sind, obwohl sie vorher nie eine Zeitung angefasst hatten.

Wenn Sie bei Kindern nach belastenden Ereignissen nach etwa drei Monaten immer noch deutliche Verhaltensänderungen feststellen, sollten Sie die fachliche Hilfe von Kinder- und Jugendlichentherapeuten in Anspruch nehmen. Bitte vorher immer mit dem Kinderarzt sprechen!

Zwei der wichtigsten Verhaltensauffälligkeiten sind:

1. wenn Kinder dauerhaft aggressiv werden, und
2. wenn Kinder plötzlich verstummen und sich nicht mehr mitteilen.

Weitere Symptome unbewusster Spannungsabfuhr und traumatischer Reaktionen können sein:

- Nächtliches Zähneknirschen,
- Rückfall in frühkindlichere Verhaltensweisen z.B. Bettnässen (nach unten weinen), Daumen lutschen ...
- ›Knibbeln‹
- Fingernägel kauen
- Haare raufen
- Kratzen
- Zwanghafte Manierismen (wiederholtes Schlagen einer Puppe mit einem Spielzeugauto, können exakte Wiederholung des Traumas sein)
- Tics
- Hartnäckige Kontrolle von Vorgängen
- Hyperaktivität und starke motorische Unruhe
- Schreckhaftigkeit
- Um sich schlagen im Schlaf
- Wiederholtes nächtliches Aufschrecken, Alpträume
- Konzentrationsstörungen in der Schule, Vergesslichkeit
- Streitsucht oder Scheu, überstarke Zurückgezogenheit oder Ängstlichkeit
- Starke Anhänglichkeit
- Kopfschmerzen, Magenschmerzen oder andere Beschwerden ohne bekannten Ursprung

Wie Eulenspiegel die Kranken heilte

Es stimmt schon. Wer als Kind ein rechtes Radieschen war, wird als Erwachsener schlimmer. Noch dazu, wenn der Vater zu früh wegstirbt. So war es auch mit Till Eulenspiegel. Er trieb es von Jahr zu Jahr toller. Er wechselte die Berufe öfter als das Hemd. Und da er nirgends lange bleiben konnte, weil man ihn sonst verkehrt aufgehängt oder wenigstens halb totgeschlagen hätte, kannte er, kaum dass er zwanzig Jahre alt war, Deutschland wie seine Westentasche.

So kam er auch nach Nürnberg. Und hier trieb er's ganz besonders bunt. Er klebte an die Kirchentüren und ans Rathausportal Plakate, auf denen er sich selbst als Wunderdoktor ausgab.

Es dauerte gar nicht lange, da kam der Verwalter vom Krankenhaus zum Heiligen Geist anspaziert und sagte: »Sehr geehrter Herr Doktor! In unserem Spital liegen so viele Kranke, dass ich mir nicht mehr zu helfen weiß. Alle Betten sind belegt, und das Geld reicht vorn und hinten nicht. Können sie mir einen Rat geben?«

Eulenspiegel kratzte sich hinterm Ohr und antwortete: »Doch, doch, lieber Mann. Aber guter Rat ist teuer.«

»Wie viel?«, fragte der Verwalter. Und Eulenspiegel sagte: »Zweihundert Gulden.« Zunächst blieb dem guten Mann die Luft weg. Und dann erkundigte er sich, was der Doktor dafür leisten wolle.

»Dafür mache ich in einem einzigen Tag alle Kranken gesund, die im Hospital liegen! Wenn's mir nicht gelingen sollte, will ich keinen Pfennig haben.«

»Ausgezeichnet!«, rief der Mann, nahm Eulenspiegel auf der Stelle mit ins Krankenhaus und sagte den Kranken, der neue Doktor wolle sie alle heilen. Sie müssten sich nur genau nach seinen Vorschriften richten. Dann ging er ins Verwaltungsbüro und ließ Till mit den Kranken allein. Eulenspiegel ging langsam von Bett zu Bett und unterhielt sich mit den Leuten. Er sprach sehr leise und geheimnisvoll mit jedem von ihnen. Und einem jeden sagte er das Gleiche.

»Ich will euch allen helfen«, sagte er, »dir mein Freund, und den anderen auch. Und ich weiß ein fabelhaftes Rezept dafür. Ich muss einen von euch zu Pulver verbrennen. Dieses Pulver müsst ihr dann einnehmen. Ich habe mir auch schon überlegt, wen von euch ich zu Pulver verbrennen werde: den Kränksten im Saal. Das wird das Beste sein, meinst du nicht auch? Na also.«

Dann beugte er sich noch tiefer und fuhr noch leiser fort: »In einer halben Stunde hole ich den Verwalter herauf. Der wird die Gesunden unter euch fortschicken. Es wird also gut sein, wenn du dich ein bisschen beeilst, mein Lieber. Denn den letzten verbrenne ich leider zu Pulver. Die Sache will's!« So ging er zu jedem und erzählte jedem das Gleiche.

Dann holte er endlich den Verwalter nach oben. Und der Verwalter rief mit lauter Stimme: »Wer sich gesund fühlt, ist entlassen!«

In drei Minuten ist der Saal leer! Alle rannten oder humpelten, so schnell sie nur irgend konnten, aus dem Krankenhaus hinaus. Solche Angst hatten sie! Es waren welche dabei, die seit zehn Jahren hier gelegen hatten. Der Hospitalverwalter war sprachlos. Er raste ins Büro und brachte Eulenspiegel zweihundertzwanzig Gulden. Die streckte er ihm hin und sagte: »Zwanzig Gulden gebe ich Ihnen extra. Sie sind der beste Arzt der Welt.«

»Stimmt«, sagte Eulenspiegel. Damit meinte er den Geldbetrag. Er steckte ihn in die Tasche, empfahl sich und machte, dass er Nürnberg in den Rücken bekam.

Schon am nächsten Tag kehrten alle Kranken ins Hospital zum Heiligen Geist zurück und legten sich wieder in ihre Betten.

Da erzählten sie ihm, warum sie gestern davongelaufen waren und dass sich keiner habe zu Pulver verbrennen lassen wollen.

»Ich bin ein Esel«, sagte der Verwalter. »Der Lump hat mich betrogen, und ich habe ihm sogar noch zwanzig Gulden mehr gegeben, als er verlangt hat!«

Erich Kästner: Till Eulenspiegel

Alltägliche Regulationsmechanismen

Humor

Lächle, auch wenn du traurig bist.
Du weißt nie, wer sich in dein Lachen verliebt!

Eine wichtige Rolle in der Entlastung von belastenden Ereignissen spielt auch Humor und das »Ablästern«. Es ist wie ein seelischer Kurzurlaub.

Das Lachen hat seine Gründe – und Abgründe, so der Witzforscher Eike Christian Hirsch. Vielleicht gibt es wirklich zwei Arten von Gelächter: das feindselige und das gutmütige. Oder ist es doch immer dasselbe Lachen – zugleich aggressiv und verbindend? Als das Lachen erfunden wurde, lebten die Frühmenschen noch in Horden zusammen. Der Kampf gegen wilde Tiere oder gegen Nachbarstämme war ein Kampf auf Leben und Tod. War aber das Tier überwältigt oder der Feind geflohen, so brach aus den Männern ein keuchendes, brüllendes Gelächter heraus, Nachhall

Das Lächeln,
das du aussendest,
kehrt zu dir zurück.
Aus Indien

der Anstrengungen und befreiendes Ausatmen zugleich, aggressiver Triumph und gruppenverbindendes Ritual in einem.

Das Lächeln ist ein Verhalten, das allen Menschen auf der Erde mitgegeben ist; es ist uns Menschen angeboren als ein Signal der Freude und der guten Absichten. Lachen ist auch dazu da, den Erfolg nach einer überstandenen Krise zu feiern. Im Lachen kann man sich ausschütten, Dinge die manchmal festgesessen haben, werden mit dem Ausatmen weggesprudelt. Haben Sie also bitte kein schlechtes Gewissen, wenn Sie trotz Krisen oder nach Krisen und belastenden Ereignissen auch mal wieder Lachen. Lachen heilt!

Lächeln ist die eleganteste Art, dem Gegner die Zähne zu zeigen.
Teilhard de Chardin

Die Frau: »Wenn du nicht sofort aufhörst, Saxophon zu spielen, werde ich noch wahnsinnig!«

Beim letzten Abendmahl kam der Kellner und fragte: »Alles zusammen?« und Judas sagte: »Nein, bitte getrennt!«

Zwei Mütter unterhalten sich über ihre erwachsenen Söhne. Die eine sagt: »Mein Sohn meditiert neuerdings. Ich weiß zwar nicht, was das ist. Aber es ist auf jeden Fall besser als rumsitzen und nichts tun.

Zwei Schweden haben einen Lastwagen mit Schnaps geklaut. Und was haben sie mit dem vielen Schnaps gemacht? Verkauft. Und was haben sie mit dem Geld gemacht? Versoffen.

Arzt: »Ihre Symptome könnten mit dem Alkohol zusammenhängen. Sie sollten drei Monate den Alkoholkonsum stark einschränken. Dann sehen wir, ob die Symptome zurückgehen.«

Patient: »Könnte ich nicht drei Monate etwas mehr trinken? Dann sehen wir, ob die Symptome schlimmer werden.«

Die besorgte Mutter bespricht ihre Erziehungsprobleme mit ihrer besten Freundin. »Ich glaube, ich erziehe meinen Klaus zu streng.« Die Freundin fragt nach, wie sie denn darauf komme. »Na gut«, sagt die Mutter, »neulich, zu seinem dritten Geburtstag war ich mit ihm auf dem Rummelplatz. Da habe ich ihn aus den Augen verloren, und schließlich musste ich ihn auf dem Polizeirevier abholen. Und er hatte den Polizisten erzählt, dass sein Name sei Klaus Lassdas.«

Spielen und Arbeiten

Wann haben Sie das letzte mal gespielt? Und was? Spielen ist sehr wichtig, nicht nur für Kinder. Auch als Erwachsene sollte man sich regelmäßig die Zeit nehmen zu spielen. Spielen hat eine Entlastungsfunktion, macht Spaß, regt die Fantasie an und bietet einen sehr guten Ausgleich zu den Belastungen des Berufsalltags. Beim Spielen geht es um eine kurzweilige unterhaltende Beschäftigung, egal was es ist, bei der man fröhlich sein kann. Hierzu zählen nicht nur die bekannten Gesellschaftsspiele sondern auch sämtliche Formen spielerischer Bewegung, wie z.B. das Tanzen.

Kampf- und »Fluchtsportarten«

Ausgesprochen wirkungsvoll können Sie Übererregung mit Sport beheben, vorausgesetzt Ihr Gesundheitszustand lässt das zu (im Zweifel ärztlichen Rat einholen!). Alle Ausdauersportarten wie Jogging, Walking, Wandern, Tanzen, Schwimmen und Radfahren helfen, dauerhaft Übererregungsphänomene zu lindern. Wichtig ist das Trainingsprinzip »mäßig, aber regelmäßig«. Mäßig heißt: Ihr Puls sollte bei der sportlichen Betätigung nicht über 120 Schlägen/Minute liegen. Als praktischer Hinweis gilt: Sie sollten sich während der sportlichen Betätigung noch gut unterhalten können. Geraten Sie so sehr außer Atem, dass Sie nicht mehr gut reden können, liegen Sie über dieser Grenze und sollten das Tempo drosseln. Regelmäßig heißt: Als Richtwert gilt mindestens dreimal die Woche für 20 bis 30 Minuten. Letztendlich müssen Sie aber Ihre eigenes Trainingspensum bestimmen. Solange Sie sich beim Sport und nach dem Sport körperlich und psychisch wohl fühlen, liegen Sie richtig. Treten Unwohlgefühle oder sogar Schmerzen auf, sollten Sie dringend erst einen Arzt befragen, bevor Sie mit dem Training fortfahren.

Extreme sportliche Betätigung in Bezug auf Tempo, Pensum und Kraftaufwand sollten Sie meiden. Extreme sportliche Aktivität kann die Übererregung steigern.

Ausdauersport nach den genannten Prinzipien hat bei gesunder körperlicher Verfassung eine ausgesprochen positive und dauerhafte Wirkung auf das psychische Befinden.

Sport ist außerordentlich hilfreich und wertvoll in der Wiederherstellung und der dauerhaften Erhaltung Ihrer Gesundheit.

Am besten geeignet sind Kampf- und »Fluchtsportarten«:

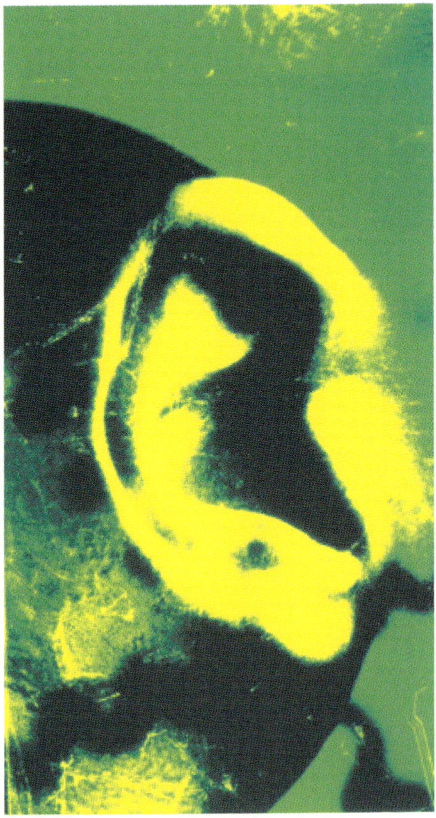

Kampfsportarten:

- Karate
- Tae-Kwon-Do
- Judo
- Boxen
- Rückschlagspiele
  - Volleyball, Tennis
- Mannschaftssportarten
  - Fußball, Handball, Basketball

»Fluchtsportarten«:

- Reiten
- Schwimmen
- Fahrrad fahren
- Laufen
- Skaten
- Wandern
- Hundesport

Entspannung am besten durch: Sauna, Massagen, Wellness, Fußpflege, Kosmetik etc.

Die Fünf Tibeter

Um das tägliche Wohlbefinden zu erhöhen und die körperliche wie seelische Gesundheit zu verbessern, bieten die sogenannten ›Fünf Tibeter‹ eine hervorragende Voraussetzung. Hierbei handelt es sich um eine dynamische Bewegungsmeditation, die die körpereigenen Lebensenergien (endokrine Drüsen) mobilisiert und zu einem Wohlsein für Körper, Seele und Geist verhilft. Wichtige Voraussetzung für den Erfolg der Übung ist es, dass Sie sie regelmäßig, d.h. täglich durchführen. Empfehlenswert ist es, die Übungen morgens zu machen, direkt nach dem Aufstehen. Nehmen

Sie sich ein wenig Spielraum und Zeit, dann kommt die Freude der kleinen Schritte in kurzer Zeit. Führen Sie die Übungen regelmäßig durch, werden Sie sehr schnell die wohltuende Wirkung feststellen und einen nachhaltigen Effekt bemerken.

Übrigens gibt es nur eine Möglichkeit herauszufinden, ob diese fünf Übungen bei Ihnen wirken: sie ausprobieren!

Sollten Sie körperliche Beschwerden oder gesundheitliche Bedenken haben, sprechen Sie bitte vorher mit Ihrem Hausarzt.

> Vor den Erfolg haben die Götter die Achtsamkeit gesetzt.

Um dieses sehr effektive Übungsprogramm mit einer Langzeitwirkung aufzubauen, ist es wichtig, die Übungen zunächst nur dreimal auszuführen, und das möglichst jeden Tag, ein bis zwei Wochen lang. Dabei werden Sie sicherlich auch ein neues Gefühl für Ihren Körper entwickeln (»Körperbewusstsein«). Sie werden wahrscheinlich achtsamer mit Ihrem Körper umgehen und immer mehr auf die Signale Ihres Körpers hören. Wichtig bei allen Übungen ist das tiefe Atmen und das leichte Üben. Wenn Sie das Gefühl haben, dass Ihnen die Übungen nach etwa zwei Wochen gut und leicht gelingen, fügen Sie einfach nach und nach zwei Wiederholungen hinzu. Die maximale Wiederholungszahl ist mit 21 Wiederholungen erreicht. Sie können die Wirkung der Übung auch vor allem dadurch erhöhen, dass es Ihnen gelingt, die Übungen nach einiger Zeit mit geschlossenen Augen durchzuführen.

Atmen Sie tief und gleichmäßig. Stellen Sie sich vor, beim Einatmen ganz viel Energie einzuatmen und diese dann beim Ausatmen im Körper zu verteilen. Sollten Sie in Ihrem Körper eine schmerzhafte Stelle spüren, Unwohlsein oder Druck- und Spannungszustände, stellen Sie sich in Ihrer Fantasie vor, nach dem Einatmen durch diese schmerzhafte Stelle auszuatmen oder zumindest zu dieser Stelle hinzuatmen. Stellen Sie sich bei allen Übungen schöne Bilder vor, tun Sie für einen Moment lang einfach so, als ob Sie magische Kräfte hätten. Konzentrieren Sie sich auf Ihren Körper. Wenn Sie Gefallen an den Übungen finden und den Erfolg damit spüren, werden die Fünf Tibeter vielleicht eines Tages zu einem täglichen Ritual. Rituale sind nichts anderes, als in Bewegung umgesetzte Fantasien und Vorstellungen von positiven Ereignissen. Geben Sie Ihren schönen Vorstellungen und Bildern eine Stimme und eine Richtung.

> Das Glück deines Lebens hängt von der Beschaffenheit deiner Gedanken ab.
> *Marc Aurel*

Ganz hinten in unserm Hinterkopf läuft oft ein »Kopf-Kino« ab, ununterbrochen und immer wieder tauchen nicht zu Ende gedachte Gedanken auf, lenken uns ab und inszenieren oft ein Werbespektakel knapp an der Grenze des inneren Ohres. Was die Gedanken, stellvertretend für uns, wiederkäuend behaupten, ist nicht unbedingt in unserem Interesse. Blöderweise sagen uns diese Gedanken meistens in der Ich-Form, dass es uns schlecht geht, dass wir es nicht schaffen, dass wir blöde, nicht schön, nicht liebenswert, unwürdig, daneben, noch nicht so weit, nicht genug (...) oder krank sind, dass unsere Erfolge Zufall sind und Glück nicht lange hält. Mal Hand aufs Herz: Glauben Sie ganz tief in ihrem Inneren allen diesen Gedanken in Ihrem Hinterkopf?

> Achte auf deine Gedanken.
> Sie sind der Anfang deiner Taten!
> *Japanisches Sprichwort*

Gedanken bestimmen wesentlich die Richtung unseres Lebens. Eine alte Weisheit besagt, dass der Geist die Materie erschafft (»matter follows mind«). Gedanken sind Energie. Bewusste Gedanken sind gerichtete Energie. Optimal wird die Durchführung und der Erfolg der Fünf Tibeter, wenn Sie sie mit Affirmationen und positiven Kognitionen verbinden. Affirmationen oder positive Kognitionen sind bewusste Gedanken, die auf positive, anregende und befreiende Wirkung zielen. Mit Affirmationen lenken Sie freigesetzte Energie. Mit anderen Worten: Sie entlasten Ihren (Hinter)Kopf und bestimmen selbst, wohin die Reise geht.

Beispiele für positive Kognitionen oder Affirmationen:

- Es ist vorbei
- Ich habe jetzt die Kontrolle
- Ich habe jetzt Wahlmöglichkeiten
- Ich kann damit umgehen
- Ich kann mich schützen
- Ich habe getan, was ich konnte
- Ich habe daraus gelernt
- Ich verdiene zu leben
- Ich bin liebenswert
- Ich bin vertrauenswürdig

- Ich kann meinen Gefühlen trauen
- Ich kann meinem Urteil trauen
- Ich habe mich richtig entschieden
- Ich bin stark
- Ich bin schön
- Ich bin wichtig
- Ich verdiene Liebe
- Ich bin ein guter Mensch
- Ich bin in Ordnung, so wie ich bin
- Ich bin wertvoll
- Ich bin wunderbar
- Ich bin ehrenwert
- Ich kann mir selbst vertrauen
- Ich bin gut genug
- Ich kann erfolgreich sein
- Ich darf Fehler machen
- Ich verdiene, dass es mir gut geht
- Ich kann erreichen, was ich will
- Ich habe eine Chance
- Ich schaffe es

Der Erfolg der Affirmationen und positiven Kognitionen hängt im wesentlichen von drei Faktoren ab:

1. Der Wunsch: Wünschen Sie sich möglichst genau, was Sie bekommen oder erreichen möchten, wie Sie sein oder was Sie schaffen wollen.

2. Das Vertrauen: Je mehr und fester Sie an das gesetzte Ziel glauben und an die Möglichkeit, es zu erreichen, um so eher werden Sie Erfolg haben.

3. Das Annehmen: Sie müssen bereit sein, das Gesuchte anzunehmen und zu behalten, wenn es eingetreten ist oder Sie es erreicht haben.

Alles, was die Handlungsfähigkeit des Körpers steigert, verringert, einschränkt oder erweitert, steigert, verringert, beschränkt oder erweitert auch die Handlungsfähigkeit des Geistes.
Und alles, was die Handlungsfähigkeit des Geistes steigert, verringert, beschränkt oder erweitert, steigert, verringert, beschränkt oder erweitert auch die Handlungsfähigkeit des Körpers.
Baruch Spinoza

Bei der Formulierung von Affirmationen und positiven Kognitionen sollten Sie folgendes beachten:

- Formulieren Sie Affirmationen und positive Kognitionen nicht in der Zukunfts-, sondern immer in der Gegenwartsform. Gehen Sie in Ihrer Fantasie davon aus, dass etwas jetzt schon so ist, wie Sie es sich wünschen.

> Der Körper ist der Strand vom Meer des Seins
> *Sufi-Weisheit*

- Formulieren Sie Affirmationen und positive Kognitionen immer so positiv wie nur möglich. Bekräftigen Sie das, was Sie möchten, nicht das, was Sie nicht möchten.
- Tun Sie bei der Formulierung der Affirmationen und positiven Kognitionen so, als hätten Sie magische Kräfte: Alles geschieht so, wie Sie es sich wünschen.
- Je kürzer und einfacher die Affirmationen und positiven Kognitionen sind, desto wirkungsvoller sind sie.
- Affirmationen und positive Kognitionen sollten ein intensives Gefühl zum Ausdruck bringen; je stärker das Gefühl ist, desto stärker prägt es das Denken.
- Achten Sie bitte darauf, dass die Affirmationen und positiven Kognitionen immer für Sie stimmig sind, Sie sollten genau richtig für Sie sein.

> Formulieren Sie eigene Affirmationen und positive Kognitionen:
> - Ich bin ...
> - Ich werde ...
> - Ich habe ...
> - Ich mag ...
> - Es ist ...
> - Ich kann ...
> - Ich will ...
> - Das Leben ist ...

- Affirmationen und positive Kognitionen sollten positiv, anregend, befreiend und unterstützend sein.
- Denken Sie daran, dass Sie durch Affirmationen und positive Kognitionen etwas Neues und bisher Unbekanntes entstehen lassen. Versuchen Sie nicht, Altes zu wiederholen, oder zu verändern, was schon ist; das würde bedeuten, sich dem zu widersetzen, was schon ist, und das würde wiederum Konflikte verursachen.

> Bittet, und es wird euch gegeben werden;
> Suchet, und ihr werdet finden;
> Klopfet an, und es wird euch aufgetan.
> Denn jeder, der bittet, empfängt;
> Und wer sucht, der findet;
> Und wer anklopft, dem wird aufgetan.
> *Matthäus 7:7,8*

- Affirmationen und positive Kognitionen bieten jeden Tag und jeden Augenblick neue Entwicklungschancen.
- Affirmationen und positive Kognitionen nehmen Gefühle so an, wie sie sind. Gefühle sind immer richtig.
- Zweifeln Sie nicht an Ihren Affirmationen und positiven Kognitionen.
- Stellen Sie sich vor, auch wenn es nur für ein paar Minuten oder wenige Sekunden ist, dass Ihre Affirmationen und positiven Kognitionen wahr sind.
- Affirmationen und positive Kognitionen helfen, das Leben mit neuen Augen zu sehen.

Beschließt du eine Sache,
wird sie dir gelingen,
und das Licht wird
auf deinen Wegen scheinen.
Hiob 22:28

Wie und warum funktionieren die Fünf Tibeter?

Traumasymptome entstehen nicht durch das traumatische Erlebnis, sondern durch erstarrte Energie, die nach dem Abklingen des traumatischen Erlebnisses nicht aufgelöst worden ist. Solche Energierückstände bleiben im Nervensystem gebunden und können verheerend auf Körper und Geist wirken. Die langfristigen, beängstigenden, behindernden und oft bizarren Symptome der posttraumatischen Belastungsstörung (PTBS) entwickeln sich als Folge einer Unterbrechung unseres natürlichen Kampf-/Flucht-Verhaltens, nämlich dann, wenn wir erstarren und in den Zustand der Unbeweglichkeit eintreten. Das Verweilen darin und das spätere Wiederaustreten können nicht zu einem natürlichen Abschluss gebracht werden. Wir können das »Auftauen« unterstützen, indem wir unser angeborenes Bestreben, zu einem Zustand dynamischen Gleichgewichts zurückzukehren, durch bewusste Aktivität fördern. Hierbei hilft z.B. die dynamische Bewegungsmeditation der Fünf Tibeter.

Der menschliche Körper hat sieben Energiezentren, sogenannte endokrine Drüsen (im Gegensatz zu exokrinen Drüsen, wie Schweißdrüse oder Speicheldrüse); diese sind mit einer inneren (endokriner) Produktion und Freigabe von Drüsenstoffen (Sekretion) verbunden. Die Hindus nennen diese endokrinen Drüsen Chakren. Endokrine Drüsen sind Körperdrüsen, die ihre Sekrete oder Hormone direkt in das Blut oder die Lymphbahnen des Körpers abgeben. Zu den endokrinen Drüsen zählen z.B. die Schilddrüse, die Nebenschilddrüse und die Bauchspeicheldrüse, aber auch die Eierstöcke und die Hoden. Die wichtigste endokrine Drüse ist aber die Hirnanhangdrüse (Hypophyse), die durch Absonderung von chemischen Substanzen und Hormonen die meisten anderen Körperdrüsen steuert. Wichtige Hormone, die in der Hirnanhangdrüse produziert werden, sind Wachstumshormone und Prolaktin. Auch das Hormon Oxytozin entsteht hier – das Hormon, das bei einer Geburt das Zusammenziehen der Gebärmutter auslöst. Der Aufbau und die Funktionen der Hirnanhangdrüse sind äußerst komplex und kaum erklärbar. Sicher ist, dass fast alle Substanzen, die sie abgibt, zur Anregung der Hormonproduktion in der Schilddrüse, den Nebennieren und den Geschlechtsdrüsen dienen. Der Flüssigkeitsverlust des Körpers wird ebenfalls durch Hormone der Hirnanhangdrüse kontrolliert.

Einfach ausgedrückt kann man sich die endokrinen Drüsen als wirbelnde Kraftfelder vorstellen. Die endokrinen Drüsen regeln alle Funktionen im menschlichen Körper, einschließlich des Alterungsprozesses. Jede dieser endokrinen Drüsen ist eingebettet in ein kraftvolles elektrisches Feld, unsichtbar für das Auge, aber nichtsdestoweniger real. Diese Energiezentren regen den Hormonausstoß der jeweiligen Drüse an.

Der unterste, erste Wirbel ist mit den Nebennieren verbunden, der zweite mit den Geschlechts- oder Keimdrüsen, der dritte (am Solarplexus) mit der Bauchspeicheldrüse, der vierte Wirbel hat eine Beziehung zu der Thymusdrüse in der Herzregion, der fünfte sitzt an der Schilddrüse im Hals, der sechste (das »Dritte Auge« der Hindus) steht in Beziehung zur Hypophyse oder Hirnanhangdrüse an der vorderen Gehirnbasis, und der siebte, höchste Wirbel ist mit der Epiphyse oder Zirbeldrüse an der rückwärtigen Gehirnbasis verbunden.

Die sieben Energiewirbel des Körpers sind ausgerichtet auf die sieben endokrinen Drüsen: (1) die Keimdrüsen, (2) die Nebennieren, (3) die Bauchspeicheldrüse, (4) die Thymusdrüse, (5) die Schilddrüse, (6) die Zirbeldrüse und (7) die Hypophyse. Die Energiewirbel drehen sich mit hoher Geschwindigkeit. Wenn sich alle mit hoher Geschwindigkeit drehen, und zwar gleich schnell, ist der Körper bei bester Gesundheit, wenn eine oder mehrere von ihnen langsamer werden, setzen der Alterungsprozess und der körperliche Verfall ein. Die Abbildung zeigt annähernd die Lage der endokrinen Drüsen, denen die sieben Energiezentren zugeordnet sind. Die Energiezentren selbst sind in der Umgebung der endokrinen Drüsen feststellbar – mit teilweise »vertauschten« Positionen. So ist das mit der Zirbeldrüse verbundene Scheitel-Energiezentrum, wie der Name nahelegt, oben am Kopf wirksam – als energetische Verbindung zum Kosmos.

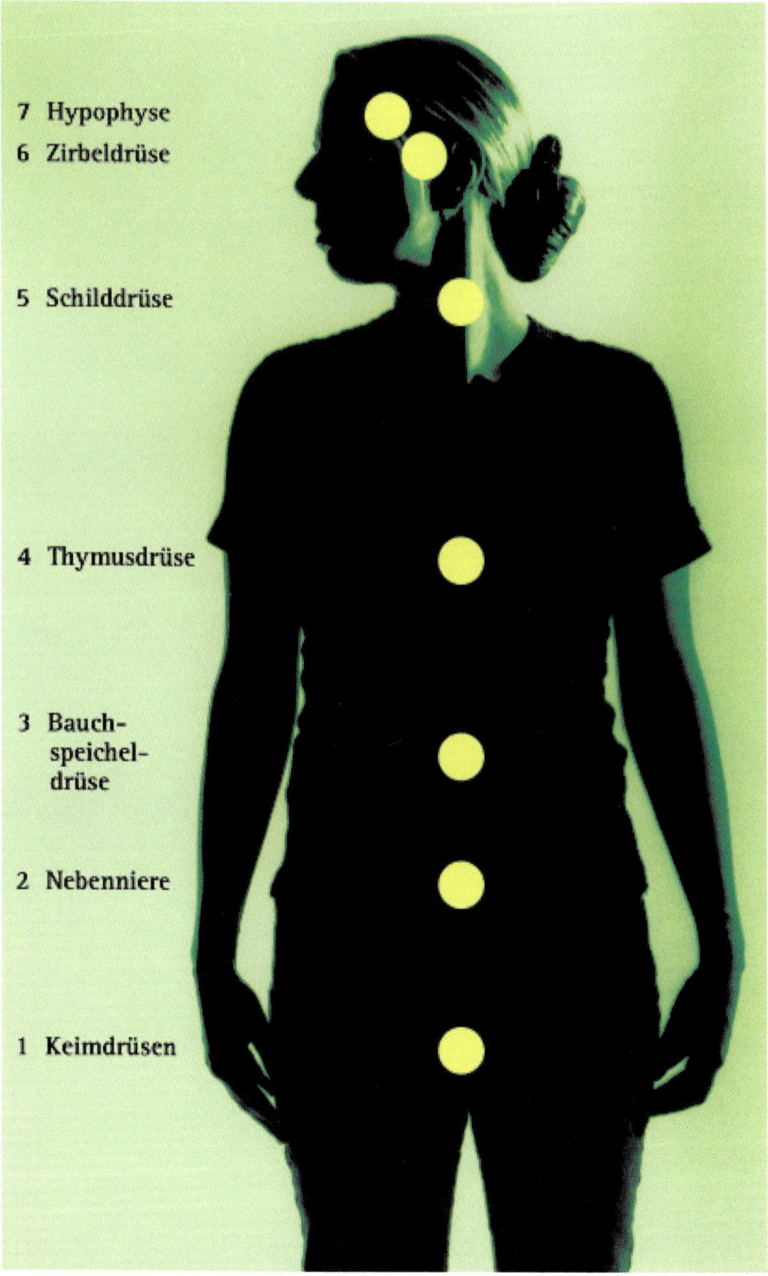
7 Hypophyse
6 Zirbeldrüse
5 Schilddrüse
4 Thymusdrüse
3 Bauch-speichel-drüse
2 Nebenniere
1 Keimdrüsen

Die sieben ›Energiewirbel‹ des Körpers sind ausgerichtet auf die sieben endokrinen Drüsen. Das Modell der sieben Energiewirbel, das den Fünf Tibetern zugrunde liegt, geht davon aus, dass der Körper gesund ist, wenn sich alle Wirbel mit gleicher und zwar hoher Geschwindigkeit drehen. Wenn einer oder mehrere der Wirbel langsamer werden, setzt der Alterungsprozess und der körperliche Verfall ein.

In einem gesunden Körper dreht sich jeder dieser »Wirbel« mit hoher Geschwindigkeit und ermöglicht es dadurch der vitalen Lebensenergie durch das endokrine System aufwärts zu fließen. Wenn aber einer oder mehrere dieser Wirbel anfangen, sich langsamer zu drehen, dann ist der Fluss der vitalen Lebensenergie behindert oder blockiert. Die Gesundheit gerät aus dem Gleichgewicht und selbst Alterungsprozesse schreiten schneller voran. Die schnellste Art, Gesundheit und Vitalität wiederzugewinnen ist, diese Energiezentren dazu zu bringen, sich wieder normal zu drehen. Es gibt fünf einfache Übungen, die das zustande bringen. Jede einzelne davon ist hilfreich, doch um die besten Ergebnisse zu erzielen, bedarf es aller fünf.

Die Fünf Tibeter sind Energie-Übungen, und zum Glück lassen sich die ungeheuren Energien, durch die die Traumasymptome entstehen, zur Umwandlung des Traumas nutzen und können darüber hinaus zur Heilung und persönlichen Reifung führen. Ein aufgelöstes Trauma ist ein Geschenk, das uns zur natürlichen Welt von Ebbe und Flut, zu Harmonie, Liebe und Mitgefühl zurückführt. Nachdem wir nun seit vielen Jahren mit Betroffenen arbeiten, die auf jede nur erdenkliche Weise traumatisiert worden sind, glauben wir, dass wir Menschen über die angeborene Fähigkeit verfügen, uns selbst von hinderlichen und belastenden Auswirkungen traumatischer Erlebnisse zu befreien.

Erste Übung:

Bei der ersten Übung wird die Drehgeschwindigkeit der Wirbel beschleunigt. Kinder tun dies bei ihren Spielen andauernd. Stellen Sie sich aufrecht hin und breiten Sie Ihre Arme parallel zum Boden aus. Die linke Handfläche zeigt nach unten, die rechte nach oben. Jetzt drehen Sie sich um sich selbst, bis Ihnen leicht schwindelig wird. Etwas ist wichtig: Sie müssen sich im Uhrzeigersinn drehen, d.h. also von links nach rechts. Fangen Sie auch hier erst mit drei Drehungen an und steigern dann später. Wenn Ihnen danach ist, sich hinzusetzen oder hinzulegen, um sich von dem Schwindelgefühl zu erholen, dann sollten Sie auf jeden Fall genau das tun. Mit der Zeit, wenn Sie alle fünf Riten üben, werden Sie sich immer öfter drehen können, und das Schwindelgefühl lässt immer mehr nach. Auch wenn Sie weiter fortgeschritten sind, drehen Sie sich bitte nicht öfter als 21 mal. Atmen Sie bei den Drehungen ruhig, tief und gleichmäßig.

Zweite Übung:

Die zweite Übung stimuliert die Wirbel noch weiter. Diese Übung ist sogar noch einfacher als die erste. Beim zweiten Ritus liegt man flach auf dem Boden, mit dem Gesicht nach oben. Am besten legen Sie sich auf einen dicken Teppich oder eine gepolsterte Unterlage. Strecken Sie die Arme an Ihren Körperseiten entlang aus und legen die Handflächen auf den Boden, wobei Sie die Finger eng zusammenhalten. Dann heben Sie Ihren Kopf vom Boden und ziehen das Kinn an die Brust. Zugleich heben Sie Ihre Beine in eine senkrechte Stellung. Der Rücken bleibt vollständig am Boden. Wenn möglich, nehmen Sie die Beine weiter über den Körper in Richtung des Kopfes. Die Knie sollten dabei gestreckt sein. Senken Sie dann sowohl den Kopf als auch die Beine langsam wieder zum Boden. Lassen Sie alle Muskeln sich langsam entspannen, und wiederho-

len Sie die Übung, ohne sich zu überfordern. Halten Sie sich bei jeder Wiederholung an einen Atemrhythmus: Atmen Sie tief ein, wenn Sie Kopf und Beine heben; atmen Sie vollständig aus, wenn Sie sie senken. Zwischen den Wiederholungen, während Sie Ihre Muskeln sich entspannen lassen, atmen Sie im gleichen Rhythmus weiter. Je tiefer Sie atmen, desto besser. Wenn Sie eine gut trainierte Bauch- und Rückenmuskulatur besitzen, können Sie diese Übung mit durchgedrückten Knien üben. Für die meisten ist es jedoch ratsam, die Knie beim Heben und Absenken der Beine angewinkelt zu lassen.

Dritte Übung:

Die dritte Übung sollte unmittelbar nach der zweiten geübt werden. Sie ist ebenfalls einfach. Sie müssen nur mit aufrechtem Körper auf dem Boden knien, wobei die Zehen aufgestellt oder auch lang gelassen werden können. Die Hände sollten dabei seitlich, etwas von hinten, an die Oberschenkelmuskulatur gelegt werden. Neigen Sie jetzt Kopf und Nacken nach vorn und ziehen Sie das Kinn an die Brust. Legen Sie dann Kopf und Nacken behutsam nach hinten – nur so weit wie es sich gut anfühlt – und lehnen Sie sich gleichzeitig zurück, indem Sie die Wirbelsäule leicht nach

hinten beugen. Während Sie sich zurückbeugen, stützen Sie sich mit Ihren Armen und Händen an den Oberschenkeln oder am Becken ab. Danach kehren

Sie in die Ausgangsposition zurück und beginnen die Übung neu. Wie beim zweiten Ritus sollten Sie auch hierbei einem Atemrhythmus folgen. Atmen Sie tief ein, wenn Sie sich nach hinten beugen. Atmen Sie aus, wenn Sie in die aufrechte Stellung zurückkehren. Tiefes Atmen ist äußerst hilfreich; füllen Sie deshalb Ihre Lungen, so gut wie Sie nur eben können.

Vierte Übung:

Die vierte Übung erscheint am Anfang schwieriger als die anderen. Aber nach etwa einer Woche werden Sie sie so einfach üben wie alle anderen. Setzen Sie sich zuerst in den Langsitz auf den Boden; die Beine sind gerade nach vorne ausgestreckt, die Füße ungefähr 30 cm auseinander. Halten Sie Ihren Körper aufrecht und legen Sie Ihre Handflächen neben Ihrem Gesäß auf den Boden. Ziehen Sie dann Ihr Kinn nach vorne gegen

die Brust. Jetzt lassen Sie Ihren Kopf nach hinten sinken. Heben Sie gleichzeitig Ihren Körper, so dass sich die Knie beugen, während die Arme gestreckt bleiben. Der Rumpf wird mit den Oberschenkeln eine gerade Linie bilden, parallel zum Boden. Sowohl Arme wie Unterschenkel zeigen senkrecht zum Boden. Spannen Sie dann – ohne den Atmen anzuhalten – für einen Augenblick alle Muskeln Ihres Körpers an. Und schließlich, wenn Sie in die ursprüngliche Stellung zurückkehren, entspannen Sie Ihre Muskeln und ruhen sich aus, bevor Sie den Vorgang wiederholen. Auch bei dieser Übung ist der Atemrhythmus wieder wichtig. Atmen Sie tief ein, wenn Sie Ihren Körper anheben. Sie brauchen den Atem nicht anzuhalten, während Sie die Muskeln anspannen. Atmen Sie vollständig aus, wenn Sie wieder zum Sitzen kommen und im gleichen Rhythmus weiter, wenn Sie sich (was für viele hilfreich ist) zwischen den Wiederholungen ausruhen.

Fünfte Übung:

Wenn Sie die fünfte Übung ausführen, sind Sie mit dem Gesicht zum Boden gewandt. Sie sind auf die Hände gestützt, mit den Handflächen auf dem Boden, und den Zehen in aufgebogener Stellung. Während dieser Übung sollten die Hände und Füße jeweils etwa 60 cm voneinander entfernt sein und Arme und Beine sollten gestreckt gehalten werden. Beginnen Sie mit den Armen senkrecht zum Boden und der Wirbelsäule durchgebogen, so dass der Körper nach unten durchhängt. Neigen Sie jetzt den Kopf so weit wie möglich zurück. Dann biegen Sie den Körper an

den Hüften ab und heben ihn an, so dass er ein umgedrehtes ›V‹ bildet. Gleichzeitig bringen Sie das Kinn nach vorn und ziehen es an die Brust. Das ist schon alles. Kehren Sie in die Ausgangsposition zurück und fangen Sie erneut an. Wenn Sie nach einer Woche in diesem Ritus geübt sind, lassen Sie Ihren Körper aus der angehobenen Stellung mit Leichtigkeit heruntersinken bis zu einem Punkt, wo er beinahe, aber nicht ganz, den Boden berührt. Folgen Sie dem gleichen tiefen Atemrhythmus wie bei den vorherigen Übungen. Atmen Sie tief ein, wenn Sie den Körper anheben. Atmen Sie tief aus, wenn Sie ihn senken.

Abschluss:

Nach der letzten Übung nehmen Sie bitte eine für Sie angenehme Sitzhaltung ein, in der Sie einige Augenblicke verweilen können, um sich selbst zu spüren (»Selbsterdung«), sich auf sich selbst zu besinnen und in Ihrer Fantasie die Affirmationen und positiven Kognitionen für den bevorstehenden Tag entstehen zu lassen.

Zum Beispiel:

- Ich atme tief, ruhig und entspannt
- Ich habe jede Menge Zeit für die wichtigen Dinge im Leben
- Mein Mut und meine Ausdauer wachsen von Tag zu Tag
- Ich vertraue mir und fühle mich sicher
- Ich bin kraftvoll und lebendig
- Ich bin gesund
- Ich wünsche mir alles Gute

Überlegen Sie, worauf Sie sich an dem bevorstehenden Tag freuen können, welche Ziele Sie anstreben, welche Wünsche Sie haben. Atmen Sie tief und gleichmäßig und spüren Sie die Energie in Ihrem Körper.

In der Sportmedizin werden die Fünf Tibeter als isometrische (die gleiche Längenausdehnung beibehaltende) Übungen bezeichnet, um steife Muskeln und Gelenke zu strecken und die Muskelspannung zu verbessern. Der Hauptzweck und -gewinn dieser Übungen liegt jedoch darin, dass sie die Geschwindigkeit der sich drehenden Energiewirbel normalisieren.

Steigern Sie in jeder Woche die Wiederholungen um zwei Mal, bis Sie für jede Übung bei täglich 21 Mal angelangt sind. Mit anderen Worten, in der zweiten Woche üben Sie jeden Ritus fünfmal, in der dritten Woche sieben Mal, in der vierten Woche neunmal täglich usw. Nach zehn Wochen werden Sie bei der vollen Zahl von 21 Mal pro Tag angekommen sein. Die Übungen können entweder am Morgen oder Abend ausgeführt werden, je nachdem was besser passt. Bedenken Sie jedoch, dass die Übungen eine stimulierende Wirkung haben. Von daher empfehlen wir, die Übungen morgens zu machen, um dann auch mehr Energie für den Tag zu haben. Nehmen Sie sich Zeit und Geduld, um die Übungen durchzuführen. Lassen Sie sich nicht entmutigen, wenn nicht jede Übung

> Um dein Leben zu verlängern, kürze deine Mahlzeiten.
> *Benjamin Franklin*

sofort klappt. Üben Sie weiter und der Erfolg wird sich einstellen. Die fünf Übungen sollten jeden Tag geübt werden, damit Sie einen wirklichen Nutzen daraus ziehen können. Maximal einen Tag in der Woche dürfen Sie auslassen, aber keinesfalls mehr. Wenn Sie bei der maximalen Wiederholungszahl von 21 angelangt sind, dauert die gesamte Übung etwa 15 bis 20 Minuten.

Die Übungen dienen einzig und allein dem Zweck, Ihnen Ihre Gesundheit wieder zurückzugeben und zu erhalten. Ihre Fantasie und Motivation sind dabei von entscheidender Bedeutung.

Dein Weg ist Dein Besitz

Gehe ruhig und gelassen durch Lärm und Hast und sei des Friedens eingedenk, den die Stille bergen kann. Stehe, soweit ohne Selbstaufgabe möglich, in freundlicher Beziehung zu allen Menschen. Äußere Deine Wahrheit ruhig und klar und höre anderen ruhig zu, auch den Geistlosen und Unwissenden; auch sie haben ihre Geschichte. Meide laute und aggressive Menschen, sie sind eine Qual für den Geist. Wenn Du Dich mit anderen vergleichst, könntest Du bitter werden und Dir nichtig vorkommen; denn immer wird es jemanden geben, größer oder geringer als Du. Freue Dich Deiner eigenen Leistungen wie auch Deiner Pläne. Bleibe weiter an Deinem eigenen Weg interessiert, wie bescheiden auch immer. Er ist ein echter Besitz im wechselnden Glück der Zeiten. In Deinen geschäftlichen Angelegenheiten lasse Vorsicht walten; denn die Welt ist voller Betrug. Aber nichts soll Dich blind machen gegen gleichermaßen vorhandene Rechtschaffenheit. Viele Menschen ringen um hohe Ideale; und überall ist das Leben voll Heldentum. Sei Du selbst, vor allen Dingen heuchle keine Zuneigung, noch sei zynisch, was die Liebe betrifft; denn auch im Augenblick aller Dürre und Enttäuschung ist sie doch immerwährend wie Gras. Ertrage freundlich und gelassen den Ratschluss der Jahre, gib die Dinge der Jugend mit Grazie auf. Stärke die Kraft des Geistes, damit sie Dich in plötzlich hereinbrechendem Unglück schütze. Aber erschöpfe Dich nicht mit Phantasien. Viele Ängste kommen aus Ermüdung und Einsamkeit. Neben einer heilsamen Selbstdisziplin sei freundlich mit Dir selbst. Du bist Kind Gottes genauso wie die Bäume und Sterne; Du hast ein Recht hier zu sein. Und, ob es Dir bewusst ist oder nicht, es besteht kein Zweifel, das Universum entfaltet sich wie vorgesehen. Darum lebe in Frieden mit Gott, was für eine Vorstellung Du auch immer von ihm hast. Was auch immer Deine Arbeit und Dein Sehnen ist, erhalte Dir den Frieden mit Deiner Seele in der lärmenden Wirrnis des Lebens. Mit aller Schande, der Plackerei und den zerbrochenen Träumen ist es dennoch eine schöne Welt. Strebe behutsam danach, glücklich zu sein.

Aus der alten St.-Pauls-Kirche in Baltimore

Verarbeitung

Was heißt Verarbeitung?

Was heißt eigentlich ›Verarbeitung‹? Wir zerlegen das Wort in seine beiden Bestandteile ›Ver‹ und ›Arbeit‹ung und finden eine Antwort:

Die ursprüngliche Bedeutung des Wortes Arbeit in germanischer Zeit könnte mit den Worten für »verwaist sein« und »ein zu schwerer körperlicher Arbeit verdingtes Kind« zusammenhängen; im Mittelalter und der frühen Neuzeit bedeutete ›Arbeit‹ noch ausschließlich »Mühe, Mühsal, Belastung, Not, Plage, schwere körperliche Belastung«. Der Begriff ›Arbeit‹ als »Beschäftigung« und »Beruf« wurde von Martin Luther geprägt, und erst seit ihm verlor das Wort weitgehend den herabsetzenden Sinn von »mühselige Tätigkeit«; heute bezeichnet man außerdem mit Arbeit auch ein Produkt einer Arbeit: etwas, das man geschaffen und/oder geschafft hat.

> Lass' die Seele baumeln an einem ruhigen und sicheren Ort.

In der Vorsilbe ›ver‹ sind im deutschen Sprachgebrauch mehrere alte Vorsilben zusammengeflossen mit den Bedeutungen »vor«, »vorbei«, »weg«, »hinausführen über…«, »entlang, über, hinaus«. Diese Bedeutungen schwingen alle noch mit im heutigen Gebrauch von ›ver-‹.

So kommen wir sprachgeschichtlich schon sehr nahe an die psychologische Bedeutung von ›Verarbeitung‹ heran.

Verarbeitung ist ein sehr mühevoller, anstrengender und Kräfte zehrender Prozess, in dem wir aus etwas hinaus geführt werden, in dem wir uns an etwas entlang arbeiten und schließlich etwas wegarbeiten.

Fest steht:

- Verarbeitung ist anstrengend
- Verarbeitung ist mühevoll

- Verarbeitung dauert sehr lange
- Verarbeitung ist ein Prozess, kein Zustand
- Verarbeitung schafft etwas Neues

Falsch:

Verarbeitung bedeutet Vergessen, Verdrängen oder Ungeschehenmachen.

Richtig:

Verarbeitung heißt Bewältigung, Anpassung, Integration und Neuorientierung von zuvor unbekannten Erlebnissen. Emotionale Bewusstseinsinhalte werden zu Gedächtnisinhalten und ermöglichen neue Verhaltens- und Bewältigungsstrukturen. Allgegenwärtige, emotionale und hilflose Erlebniszustände sind nicht mehr die vorherrschenden Wahrnehmungsinhalte. Verarbeitung heißt: Wandlung, Entwicklung, Neuorientierung und Veränderung.

Der Verarbeitungsprozess läuft in fünf Schritten ab:

1. Neues vorstellen!
2. Neues fühlen!
3. Neues lernen!
4. Neues anwenden!
5. Neues vorstellen!

Verarbeitung ist ein lebenslanger Prozess und kein statischer, einmal erreichter Zustand. Verarbeitung ist eine Funktion der Zeit, d.h. es gibt immer nur eine für den Moment beste Weiterentwicklung!

Verarbeitung ist das »Hervorgehen aus etwas«, eine »Neugestaltung«, eine »Veränderung und neue Nutzung von Altem«. Von daher ist Verarbeitung ein höchst kreativer und gestalterischer Prozess.

Frage:

Wie verarbeiten Menschen ihre Kindheit?

Antwort:

Sie werden erwachsen!

Seelische Verletzungen resultieren aus einer akuten Überforderung gewohnter Bewältigungsmechanismen. Verarbeitung bedeutet in diesem Sinne die aktuelle, kreative und präventive Anwendung neu erlernter Bewältigungsstrategien.

Anhaltspunkte, dass ein Trauma gut verarbeitet wurde:

- Erinnerungen an das Trauma bleiben zwar unangenehm, aber die Erinnerung ist jetzt distanziert (in der

Was die Raupe das Ende der Welt nennt, nennt der Rest der Welt Schmetterling!
Laotse

Vergangenheit und vorbei). Die subjektive Belastung bei Erinnerungen ist geringfügig.

- Keine Intrusionen.
- Kaum Vermeidungsverhalten.
- Erinnerungen, Gedanken, Gefühle zum Trauma müssen nicht mehr unterdrückt werden.
- Ausreichender Schlaf, gesunder Appetit, Interesse an Sex.
- Keine anhaltende gedämpfte (depressive) Grundstimmung. Das zeigt sich unter anderem in der Fähigkeit, wieder genießen sowie schönen Tag- oder Wunschträumen nachsinnen zu können.

Verarbeitung bedeutet eine neue Form der Lebensgestaltung zu finden.

Wenn man jemanden liebt, so liebt man ihn nicht die ganze Zeit, nicht Stunde um Stunde auf die ganz gleiche Weise. Und doch ist es genau das, was die meisten von uns fordern. Wir haben so wenig Vertrauen in die Gezeiten des Lebens, der Liebe, der Beziehungen. Wir jubeln der steigenden Flut entgegen und wehren uns erschrocken gegen die Ebbe. Wir haben Angst, sie würde nie zurückkehren. Wir verlangen Beständigkeit, Haltbarkeit und Fortdauer; und die einzig mögliche Fortdauer des Lebens wie der Liebe liegt im Wachstum, im täglichen Auf und Ab: in der Freiheit; einer Freiheit im Sinne von Tänzern, die sich kaum berühren und doch Partner in der gleichen Bewegung sind.
Anne Morrow Lindbergh

Das Leben wieder im Griff: Leben nach dem Trauma

Es kann nicht mehr so sein wie vorher!
Es muss nicht schlechter sein!
Es ist allemal erfahrener!

Traumatische Erlebnisse sind sehr leidvolle Erfahrungen, deren gelungene Verarbeitung uns allerdings erstarken lassen kann. »Was soll mir jetzt noch passieren!«, berichten häufig Betroffene, während ihre ganze Mimik und ihr ganzer Körperausdruck Unerschütterlichkeit ausdrückt. Was ist passiert?

Betroffene traumatischer Ereignisse haben extreme Erfahrungen gemacht. Sie sind an die Grenze dessen gegangen, was sie bewältigen können.

- Sie haben eine Grenzerfahrung *er*lebt.
- Sie haben diese Grenzerfahrung *über*lebt.
- Sie haben die Grenzerfahrung *be*arbeitet.
- Sie haben Grenzerfahrungen *ver*arbeitet.
- Sie haben die Bewältigung *er*lebt.
- Sie *be*wältigen Neues durch diese Erfahrung.

»Jeder kann zaubern,
jeder kann seine Ziele erreichen,
wenn er denken kann,
wenn er warten kann,
wenn er fasten kann.«
Hermann Hesse: Siddhartha

Es gibt aber vielfältige andere Auswirkungen dieser Grenzerfahrungen. Die Betroffenen berichten häufig, dass sie kreativer, hellhöriger, aufmerksamer, genussvoller und dankbarer im Kleinen geworden sind. Sie sind häufig in der Lage, eine Feldblume zu bemerken, die andere gar nicht registrieren, sie besser und intensiver zu erleben als andere.

Der Mensch hat dreierlei Wege,
klug zu handeln:
Erstens durch Nachdenken,
das ist der edelste,
zweitens durch Nachahmen,
das ist der leichteste
und drittens durch Erfahrung,
das ist der bitterste.
Konfuzius

Sie können die Erfahrung nicht auslöschen. Aber Sie können die Effekte der verarbeiteten Erfahrung nutzen! Nutzen Sie sie: Das ist Ihnen die Grenzerfahrung schuldig!

Es gibt allerdings auch Rückfälle. Ähnliche Situationen, Lebenslagen, Zustände und Krisen lassen uns in die schwer niedergeschlagenen/depressiven Symptome zurück verfallen. Rückfälle sind niederschmetternd, hat man doch geglaubt, dass alles vorüber sei! Lassen Sie sich nicht davon entmutigen: Rückfälle sind häufig, haben einen Sinn und fordern zu neuen Bewältigungsstrategien auf.

- Meistens haben diese Rückfälle einen Sinn! (ähnliche Situation, den Täter nicht angezeigt, ähnliche Lebenslage etc.)
- Meistens erinnern sie uns, dass wir Heftiges erlebt haben und etwas, was schonender mit uns hätte umgehen sollten.
- Rückfälle sind normal, schwierig wird es nur, wenn der Rückfall uns überrollt.
- Akzeptieren Sie den Rückfall und nutzen Sie ihn zur Chance, eine Zeit lang gesondert auf sich einzugehen.
- Machen Sie einen Plan, wie Sie einen solchen Rückfall demnächst vielleicht vermeiden können (Situationsanalyse, zur Zeit vorhandene

Bewältigungsstrategien, äußere und innere Ressourcen aktivieren, kurz- und langfristige Zukunftspläne mobilisieren, etc.)

Carpe diem – Genieße den Tag!

Für Rückfälle muss man sich nicht schämen! Rückfälle gehören zum Leben. Beschämend ist nichts anzugehen, was wir angehen müssen. Die Rückfälle arbeiten mit uns an dem, was wir zum Leben nach dem Trauma sagen können.

Wirkliches Leben erfahren wir nur im Hier und Jetzt.
Die Vergangenheit ist schon vorüber,
und die Zukunft ist noch nicht da.
Nur im gegenwärtigen Augenblick können wir
das Leben wirklich berühren
Thich Nhat Hanh

Was wird uns die Zukunft bringen? Es gibt keine Antworten hierauf, sondern nur weitere Fragen. Wir nennen das die Narrenfrage, weil es an den mittelalterlichen Höfen die Aufgabe des Narren war, immer an der Seite des Königs zu sein, ihn in seiner Eitelkeit in die Schranken zu weisen und ihn stets (unter Gefährdung seines eigenen Lebens) an seine Sterblichkeit zu erinnern. So wie der Narr den König täglich an seine Sterblichkeit erinnert, kann uns ein Trauma immer wieder daran erinnern, bewusst zu leben.

Die Gegenwart verstehen wir erst durch die Vergangenheit. Aber Gegenwart ist das Zusammenfallen von Vergangenheit von Zukunft in einem Menschen in jedem Augenblick. Was haben wir aus unserer Vergangenheit gelernt?

heute fiel mir ein glas
aus der hand
auf die erde
und ging kaputt;
in diesem augenblick
dachte ich daran
jeden tag ein glas
fallen zu lassen
um mich daran zu erinnern
wie zerbrechlich
das leben ist

Vom Leben lernen

Krisen, Überfälle, Unfälle, Unglück, Schicksalsschläge und Traumata gehören zu den Tatsachen des Lebens.

Krisen und Traumata müssen aber nicht für immer sein!

Krisen sind menschliche Entwicklungs-, Wandlungs- und Veränderungsprozesse. Traumata sind Wunden, die heilen können. Ein Trauma beschreibt nicht nur eine Wunde, sondern auch gleichzeitig den natürlichen Prozess, wie diese Wunde heilen kann. Trauma ist ein unterbrochener Kampf-/Flucht-Prozess, dem das natürliche Bestreben innewohnt, zum Abschluss gebracht zu werden. Belastende und extreme Ereignisse, Identitäts-, Autoritäts- und Sexualitätskrisen sowie Traumata gehören zu den wichtigsten Erfahrungen der menschlichen Entwicklung und der Erkennung und Nutzung natürlicher Selbstheilungskräfte.

Was hinter uns liegt
und was vor uns liegt,
ist unbedeutend
im Vergleich zu dem,
was in uns liegt.
Ralph Waldo Emerson

In sehr vielen Beschreibungen über seelische Ausnahmesituationen werden die natürlichen Bewältigungsstrategien von Krisen und die Heilung von Traumata stark unterschätzt.

Unser Verständnis von Krisenverläufen und Traumata beruht auf der grundlegenden Annahme, dass jeder Mensch die Fähigkeit besitzt, extrem belastende Lebensereignisse und Krisen nicht nur aus eigener Kraft und eigenen Ressourcen zu überwinden, sondern auch persönlich darin, daran und danach zu reifen.

Krisen sind lebensnotwendig. Wir lernen durch Krisen. Es gibt keine Entwicklung ohne Krisen und kein Leben ohne Traumata.

Oft spielt das Leben anders als man denkt:

»... als ich den Führerschein machte, glaubte ich zu wissen, wie man ein Auto fährt. Aber erst durch das Autofahren lernte ich, wie es richtig geht.« »Als ich geheiratet habe, glaubte ich zu wissen, was es heißt, ein Mann zu sein. Aber von meiner Frau lerne ich jeden Tag, wie ich ein Mann werde.« »Als ich Mutter wurde, glaubte ich zu wissen, wie eine Mutter zu sein hat. Aber meine Kindern bringen mir jeden Tag ein bisschen mehr bei, wie ich eine Mutter bin.« »Als ich die Erlaubnis zur Ausübung eines helfenden Berufes erhielt, glaubte ich zu wissen, wie man Menschen hilft. Aber von den Hilflosen lerne ich erst wirklich, was Helfen heißt.«

Was wir sind und was wir können, lernen wir erst wirklich, wenn es darauf ankommt, wenn wir vor eine neue Lebensaufgabe, Herausforderung, Situation, Erfahrung und Rolle gestellt werden, die wir bis dahin nicht kannten oder von der wir gar nicht wussten, dass es sie gibt. Unser Leben verändert sich in Grenzerfahrungen und neuen, bis dahin oft unbekannten Situationen. Jeder Mensch trägt einen unendlich reichen Schatz an ungeahnten Fähigkeiten und Fertigkeiten in sich. Manche davon stammen aus uralten Zeiten. Um diesen Schatz zu finden, braucht man manchmal andere Menschen, die einem beim Finden helfen. Und Situationen, die neues Handeln und eine Lebensveränderung erfordern.

Den Weg zu den eigenen Stärken findet man über Menschen, Situationen, Ereignisse und Erfahrungen. Unsere wirklichen Stärken werden erst entdeckt und geweckt, wenn sie gebraucht werden. Manche sind wie eine Reserve, die erst dann aktiv wird, wenn alle anderen Kräfte aufgebraucht sind. Dann finden wir neue alte Kräfte. Leben ist Veränderung, Entwicklung, Wandlung und Wachstum. Das Leben ist da, wo die Menschen sind! Wachsen und reifen kann aber nur der, der sich nicht mit anderen vergleicht. Jeder Mensch muss sein eigenes Wachstum erkennen und sich in neuen Lebenssituationen immer wieder neu zurechtfinden, orientieren und anfangen, um persönlich zu reifen und anzukommen. Das Leben verändert uns und wir verändern das Leben, wenn wir lernen, vom Leben zu lernen!

In einem Vormittage, wo man reiset, ein ungewöhnliches Geschäft hat – kurz in jeder *neuen* Lage – lebt man mehr, sieht das Leben anders, fühlt sich mehr als in vier gewöhnlichen Wochen.
Jean Paul

Das Wort ›Narbe‹ geht auf ein germanisches Wort ›narwa‹ zurück, das »eng« bedeutete. Die Narbe bezeichnet also die Stelle, an der die Wundränder beim Heilungsprozess eng zusammengezogen werden. ›Narbe‹ bezeichnet aber auch die mit Wurzelfasern durchzogene Oberfläche des Erdbodens, also den Bereich auf dem etwas wachsen kann (›Grasnarbe‹). Vernarben heißt abheilen, und eine Narbe ist der sicht- und fühlbare Teil eines abgeschlossenen Heilverlaufes, auf dem dann wieder etwas Neues entstehen kann.

Das Leben hinterlässt so manche Narbe bei jedem von uns. Sie erinnern uns, tun aber nicht mehr so weh wie die Verletzung, die sie geheilt haben. Aber manchmal kann es Tage geben, dann können wir unsere Narben mehr spüren als an allen anderen Tagen. Oft ist das eine Zeit, in der eine Veränderung stattfindet, die man spürt, bevor sie eingetreten ist.

So wie wetterfühlige Menschen einen beginnenden Wetterumschwung an ihren Narben spüren können, können psychische Narben ein ›Frühwarnsystem‹ sein, wenn wir achtsam sind für Entwicklungen, Wandlungen, Veränderungen, die wir in der Atmosphäre rings um uns herum fühlen können. An der Atmosphäre können wir nicht oder nur äußerst wenig ändern, aber wir können uns schützen. Die Formulierung »Es gibt kein schlechtes Wetter – es gibt nur unpassende Kleidung« gilt im übertragenen Sinne auch für das Leben nach Krisen, Traumata und belastenden Ereignissen: Wir können leider nicht verhindern, dass solche Dinge geschehen. Krisen und Traumata gehören zum Leben. Aber sie sind nicht das Ende unseres Leben. Sie verletzen uns, werfen uns auf uns selbst zurück und damit aber auch auf eine der größten Stärken der menschlichen Natur: die Fähigkeit zur Selbstheilung.

Es gibt ein Leben nach dem Trauma. Das ist ein Naturgesetz!

Nicht verletzen
Blüte am Brunneneimer:
Blüh nur weiter!
Ich hole Wasser beim Nachbarn.
Kaga no Chiyo

Siddhartha lernte Neues auf jedem Schritt seines Weges, denn die Welt war verwandelt und sein Herz war bezaubert. Er sah die Sonne überm Waldgebirge aufgehen und überm fernen Palmenstrande untergehen (...) Er sah Bäume, Sterne, Tiere, Wolken, Regenbogen, Felsen, Kräuter, Blumen, Bach, Fluss (...) im morgendlichen Gesträuch, ferne hohe Berge blau und bleich, Vögel sangen und Bienen, Wind wehte silbern im Reisfelde. Dies alles, tausendfalt und bunt, war immer dagewesen, immer hatten Sonne und Mond geschienen, immer Flüsse gerauscht und Bienen gesummt, aber es war in den früheren Zeiten für Siddhartha dies alles nichts gewesen als

ein flüchtiger und trügerischer Schleier vor seinem Auge, mit Misstrauen betrachtet (...) Nun aber weilte sein Auge diesseits, es sah und erkannte die Sichtbarkeit, suchte Heimat in dieser Welt, suchte nicht das Wesen, zielte in kein Jenseits. Schön war die Welt, wenn man sie so betrachtete, so ohne Suchen, so einfach, so kinderhaft (...) so ohne Misstrauen. Anders brannte die Sonne aufs Haupt, anders kühlte der Waldschatten, anders schmeckte Bach und Zisterne, anders Kürbis und Banane (...) All dieses war immer da gewesen, und er hatte es nicht gesehen; er war nicht dabeigewesen. Jetzt war er dabei, er gehörte dazu. Durch sein Auge lief Licht und Schatten, durch sein Herz lief Stern und Mond (...) Sich selbst musste er jetzt erleben.
Hermann Hesse: Siddhartha

Die heilende Kraft der Farbe grün

Es beginnt schon mit der Herkunft des Wortes ›grün‹: Wenn Sie in einem Herkunftswörterbuch nachschlagen, können Sie dort lesen, dass es im Mittelalter so viel hieß wie »wachsen, gedeihen und zunehmen«. Als Eigenschaftswort wird es heute im Deutschen auch als Gegenteil zu ›trocken‹ und ›verwelkt‹ gebraucht, im Sinne von »frisch, jung und sprießend«.

Die Farbe Grün ist eine Farbmischung. In ihr gleichen sich das strahlende Licht der Sonne, symbolisiert durch das Gelb, und die unheimliche Finsternis des schwarzen Weltalls, symbolisiert durch das Blau, aus: Gelb und Blau gemischt ergeben Grün. Überwiegt das Gelb, erscheint ein Hellgrün, vielfach auch als Maigrün bezeichnet, wie wir es insbesondere im Frühjahr in der Natur erleben können; überwiegt das Blau, entsteht ein Dunkelgrün oder Blaugrün, das an die dunklen Wälder des Nordens erinnert. Im Grün gibt das strahlende, helle Gelb seine an- und aufregende Lebendigkeit und Wachheit zum Teil auf. Das dunkle, verträumte, fast einschläfernde Blau wird dagegen durch die Verbindung mit dem lichtvollen Gelb aus seiner lethargischen Seelenstimmung und seinem dumpfen Traumbewusstsein herausgeholt, »erlöst«; beide Farben, Gelb und Blau, strahlen nunmehr in der neu gewonnenen Farbqualität Grün. Grün kann als eine aktive Ruhe bezeichnet werden, die

Grün ist die Farbe des Frühlings
Grün ist die Farbe der Freude
Grün ist die Farbe der Hoffnung
Grün ist das Leben!

auf Auge und Gemüt beruhigend, aber nicht einschläfernd wirkt, sondern zu überlegten Taten anregen kann. Wer die grünende Natur und Pflanzenwelt betrachtet und studiert, wird allenthalben ununterbrochene stille Aktivitäten wie das stetige Wachstum der Pflanzen beobachten können – zuweilen sehr produktiv, wie im feuchtwarmen, licht- und wasserverwöhnten Regenwald und zuweilen sehr zurückhaltend, wie im hohen, lichtschwachen und kühlen Norden.

Als Urbegriff für die ausgeglichene Ruhe und Gelassenheit kann symbolisch die Kuh gelten, sie lebt hauptsächlich vom grünen Gras, das sie in stundenlanger, langsamer Tätigkeit aufnimmt, um es dann auf der Weide liegend durch wiederum stundenlanges, behäbiges Wiederkäuen zu zerkleinern, einzuspeicheln und vorzuverdauen, wobei sie den Eindruck erweckt, ständig mit offenen Augen zu träumen. Das Ergebnis ihrer ruhigen Tätigkeit ist die weiße Milch.

Für eine Karawane, die wochenlang durch die heiße trockene, nahezu tote Wüste zog, gab es wohl kaum einen belebenderen Anblick als eine begrünte Oase mit einem Quell erfrischenden Wassers. Die Farbe Grün bedeutet Leben, Wachstum, Neubeginn und Nahrung. Bei einem längeren Aufenthalt oder einer Wanderung in der grünen Natur, insbesondere im Wald, wird man bemerken können, wie diese Farbe Gemüt und Nerven beruhigen kann. Die grüne Farbe und die umgebende reine, sauerstoffhaltige Luft erfrischen und stärken die Seele und schaffen seelische Ausgeglichenheit. Bei längeren Aufenthalten in einer solchen Umgebung genesen oftmals Kranke, die Regeneration wird durch die Farbe Grün intensiv unterstützt, die gestresste Seele und die durch vielfältige Einflüsse strapazierten Nerven erfahren Heilung und Stärkung und letzten Endes Gesundung. Daher wurden vielfach Kliniken für Kurgäste und Kranke in einer solchen grünen Umgebung gebaut.

Psychotherapeuten bezeichnen die Farbe Grün aus Erfahrung auch als die Farbe des Ausgleichs, der Herzenskräfte, des inneren Friedens und der Harmonie. Grün ist eine der wichtigsten Heilfarben!

In der Farbpsychologie ist der »grüne Menschentyp« von überströmenden Liebes- und Sympathiekräften für seine Mitmenschen erfüllt. Umgekehrt können andere Menschen oftmals gar nicht anders, als diesen Menschen in ihr Herz einzuschließen. Grüne Menschen haben, wie man sagt, sehr häufig den bekannten »grünen Daumen«, sie lieben und verstehen die Natur und können wunderbar mit Pflanzen umgehen; bei ihnen gedeiht einfach alles bestens.

Grün als Heilfarbe wird von Farbpsychologen wie Hans Harress und Therapeuten gerne dort eingesetzt, wo eine kühlende, mildernde und beruhigende Wirkung erzielt werden soll. Physisch erschöpfte und nervlich gestresste Menschen werden vorzugsweise ›mit Grün behandelt‹. Grün wirkt positiv auf das sympathische Nervensystem, es hat eine ausgesprochen beruhigende und ausgleichende Wirkung und beeinflusst somit positiv Herz und Nervensystem. Es kann den überhöhten Blutdruck senken, weil es unter anderem die unter Anspannung stehenden Blutgefäße entspannt und damit erweitert. Der dadurch verbesserte Blutfluss durch die erweiterten Kapillaren erzeugt ein wohltuendes Gefühl der Wärme mit der Wirkung der Beruhigung. Menschen, die erschöpft und deren Nerven stark gereizt sind, bemerken eine Linderung unter dem Einfluss von Grün. So wird es kaum verwundern, dass bei Lichtfarbversuchen zahlreiche Pflanzen unter Grünbestrahlung im Vergleich besser und schneller wuchsen als bei anderen Farben. Grün ist die Farbe des Stickstoffs, der den Hauptanteil der uns umgebenden Atmosphäre bildet. Stickstoff wird in der Natur zur Gewebs-, Muskelzellen- und Knochenbildung verwendet. In der Natur ist das grüne Chlorophyll in den Blättern von Pflanzen für die Erzeugung des lebensnotwendigen Sauerstoffs erforderlich.

Die Farbe Grün wirkt antiseptisch und reinigend sowie zerfall- und abbauhemmend und keim- wie bazillenzerstörend. Daher

wird in zahlreichen Operationssälen von Ärzten und Krankenschwestern bevorzugt grüne Kleidung getragen.

Auch die Farbpsychologin Katharina Andres-Wilhelm beschreibt die heilende Wirkung der Farbe grün: Frühlingserwachen und die zahlreichen Grüntöne haben eine sehr positive Wirkung auf den Menschen. Das Gras wächst, die Blumen blühen wieder, die Knospen sprießen, die Saat keimt.

Nach dem langen trüben Winter stimmt uns die wiederergrünende Natur froh und heiter, erfüllt uns mit Freude und Hoffnung. Vivaldi hat diese Gefühle wunderbar in Musik verwandelt.

In Charles Dickens Roman »Harte Zeiten« definiert ein Beamter die Farbe Grün auf eine trockene Weise wie folgt: »Grün ist die Farbe, die man normalerweise erblickt, wenn der Abschnitt des physikalischen Spektrums mit der Wellenlänge 495 bis 515 μm, am typischsten bei 505,3 μm als Reiz auftritt«. Wer diese geheimnisvolle Farbe auf eine solche Art ernsthaft erfassen oder erklären möchte, muss scheitern, denn das Verborgene der Farbe Grün, ihr Rätsel ist gleichzeitig auch ihre größte Pracht.

Keine Farbe hat eine so unbegrenzte Skala. Zwischen dem äußersten Gelbgrün und dem äußersten Blaugrün liegt ein so weiter Zwischenraum, dass schon beinahe eine Kontrastfarbe zustande kommt. Auch zwischen dem hellsten und dem dunkelsten Grün liegt ein riesiger Unterschied.

Keine Farbe ist so beweglich, so variabel wie Grün. Es genügt ein Hauch von Blau um Gelb in Grün zu verwandeln. Es gibt tausend Variationen von Grün und es ist beinahe unmöglich, zweimal dasselbe Grün zu mischen.

In der Welt der Natur existieren so viele Nuancen, Schattierungen und Töne von Grün, seine Erscheinungen sind so mannigfaltig, dass man sie niemals alle kennen kann.

Allein im Deutschen gibt es etwa 100 verschiedene Begriffe für Grün, umgangsprachliche Bezeichnungen und Künstlerfarben, wie z.B. Apfelgrün, Blassgrün, Chromoxidgrün, Dschungelgrün, Farngrün, Giftgrün,

Jadegrün, Smaragdgrün, Resedagrün, Pistaziengrün u.a.

Keine Farbe verändert sich zudem so stark zwischen Tageslicht oder Kunstlicht wie Grün. Obwohl eine Mischfarbe, ist Grün eine sehr selbstständige Farbe; man denkt bei Grün niemals an seine Komponenten, man sagt nicht Blaugelb oder Gelbblau wie das bei anderen Mischfarben, z.B. bei Orange oder Violett der Fall ist. Da sagt man auch mal Gelbrot oder Rotgelb zu Orange und Rotblau oder Blaurot zu Violett. Außerdem kann Grün alle Farben enthalten, Weiß und Schwarz und Blau und Rot und bleibt stets Grün. Für viele ist Grün jedoch eine Grundfarbe, weil sie für uns so allgegenwärtig, so selbstverständlich da ist.

Auch in allen alten Farbtheorien gilt Grün aufgrund seiner psychologischen Wirkung als Primärfarbe. Nicht zuletzt ist Grün die Grundfarbe für unser Überleben. Menschen und Tiere atmen nicht ohne das Grün der Pflanzen. Allein die chlorophyllhaltigen, also blattgrünhaltigen Pflanzen, vermögen mit Hilfe der Energie des Sonnenlichts aus Kohlendioxyd und Wasser organische Substanzen zu bilden. Der Sauerstoff, der dabei als »Abfallprodukt« entsteht, ist lebensnotwendig für uns Menschen. Grün ist die lebenswichtigste Farbe.

Das Wesen der Farbe Grün

- Grün ist die Farbe der Mitte.
- Grün steht zwischen Rot und Blau.
- Rot wirkt nah, Blau wirkt fern, in der Mitte liegt Grün. Das ist das Gesetz der Farbperspektive.
- Rot ist heiß, Blau ist kalt, Grün ist von angenehmer Temperatur.
- Rot ist trocken, Blau ist nass, Grün ist feucht.
- Rot ist aktiv, Blau ist passiv. Grün ist beruhigend.
- Grün steht zwischen dem weiblichen Rot und dem männlichen Blau.
- Grün steht zwischen dem materiellen Rot und dem geistigen Blau.

- Extreme sind immer aufregend und gefährlich; Grün steht dazwischen.
- In seiner vollendeten Neutralität zwischen den Extremen wirkt Grün beruhigend.
- Aus der Erlebenswelt der Synästhetiker (der Menschen, die Eindrücke verschiedener Sinne miteinander verknüpfen können, die z.B. Farben hören und riechen) kennen wir folgende Wahrnehmungen der Farbe Grün: Grün neben Braun schmeckt herb und bitter; mit Orange kombiniert, ist es aromatisch; Grün neben Gelb ist sauer; Grün ist voller Gerüche, es duftet nach intensiver Frische, es färbt die Luft und verleiht ihr den Geruch von frischem Gras; für den Komponisten Richard Wagner klangen alle Holzblasinstrumente grün; für den russischen Musiker Skrijabin ist die musikalische Note, die grün klingt, das »a«, und für den russisch-amerikanischen Erzähler Nabokov war der Buchstabe »F« erlenblattgrün, das »P« von einem »unreifen Apfelgrün« und das »T« pistaziengrün.

Für denjenigen, der sich für Esoterik interessiert: Die Zahl der Farbe Grün ist die 5, ihr Stein ist der Smaragd und ihr Sternzeichen die Waage.

Farben sind Produkte des Lichts

»Jede Farbe«, sagt Goethe, »um gesehen zu werden, muss ein Licht im Hinterhalte haben. Je heller und glänzender die Unterlagen, desto schöner scheinen die Farben.« Unabhängig von ihrer Lichtqualität und ihrer Schwingungsfrequenz existieren Farben überhaupt nicht. Wenn wir das Licht löschen, verschwinden die Farben, nicht nur so, dass wir sie nicht mehr wahrnehmen, sondern sie existieren überhaupt nicht mehr.

Nicht nur die Farben der Natur, auch Malerfarben, Farbstoffe und die Objektfarben, die sogenannten Körperfarben, sind nicht absolut, existieren nicht als selbstständige Farben, auch sie werden vom Licht erzeugt.

Das kann man beweisen, indem man Farben in verschiedenem Licht betrachtet, z.B. mit Hilfe von buntem Zellophan. Die Gegenstände wechseln jedes Mal ihre Farbe, wenn die Farbe des Lichts sich ändert.

Ein Gegenstand kann also nur die Farben haben, die im Spektrum des ihn beleuchtenden Lichts vorhanden sind. Ein Gegenstand der im Tageslicht, das einen reichen Anteil an Rot enthält, rot aussieht, erscheint schwarz, wenn er mit grünen Licht angestrahlt wird, das keine Rotanteile enthält. Farben sind also Produkte des Lichts.

Als solche sind Farben reale Kräfte. »Taten und Leiden des Lichts«, wie Goethe sagt. Unter ihrer Wirkung stehen, heißt also immer einer realen Strahlung, einer Schwingungsfrequenz des Lichts ausgesetzt zu sein.

Wie stark Farben auf uns wirken, hat vor einigen Jahren ein schwedischer Forscher bewiesen. Er lud zwanzig farbtüchtige Personen, also Menschen, die nicht farbenblind sind, zu einem Dinner ein. Das Speisezimmer war voller köstlicher Gerüche und die Gäste freuten sich auf das Essen. Als sie sich erwartungsvoll zur Suppe setzten, schaltete jedoch ein Diener das normale Licht aus und stattdessen ein zweites Licht ein, das nur die grünen und roten Anteile des Lichts durchfließen ließ. Der Gastgeber erklärte seinen Gästen, dass es sich lediglich um ein Experiment handeln würde, und dass alle Speisen tadellos zubereitet seien und sie sich das Essen schmecken lassen sollten. Aber der gute Appetit der Gäste ging mehr und mehr verloren, der Fisch war schwarz wie die Nacht, das Truthahnfleisch sah blutig aus, der Spargel blitzte violett, die Erbsen waren tiefblau. An der Tafel verbreitete sich Unbehagen. Allein der Gastgeber ging mit gutem Beispiel voran und aß genüsslich weiter. Aber es half nichts. Er beendete schließlich das Experiment als eine Dame mit einem Schrei des Entsetzens den Saal verlassen wollte, weil der Wein in ihrem Glas zu Rizinusöl geworden war. Daraufhin wurde das normale Licht eingeschaltet und das Essen konnte in gewohnt guter Laune fortgesetzt werden.

Die Farben, sagt auch der französische Maler Delacroix, »haben einen geheimnisvolleren und mächtigeren Einfluss auf uns als alles andere, sie handeln auch ohne unser Wissen«.

Goethe spricht sogar von ›intentionellen‹ Farben und meint damit, dass man den Farben eine geistige Natur zuschreiben kann, ihnen einen Willen, eine Absicht unterlegen kann.

Wie kommen Farbwirkungen zustande?

Wir erleben, dass Farbe und Licht zusammengehören, und wir fühlen alle, dass Farben eine Wirkung auf uns haben. Farben teilen uns etwas mit, wenn wir sie interpretieren können. Farben lösen Gefühle in uns aus und wir benutzen sie auch als Symbole für unsere Gefühle.

Diese Verbindungen zwischen Farben und Gefühlen sind zwar individuell verschieden und nie eindeutig festzulegen, und doch sind sie nicht ganz zufällig. Sie hängen nicht nur von Geschmacksfragen ab, ihnen liegen allgemeine Erfahrungen zugrunde, die von Kindheit an tief in unserer Sprache und unserem Denken verankert sind.

Die Ergebnisse vergleichender farbpsychologischer Untersuchungen mit der Farbsymbolik, wie sie im europäisch-christlichen, im altägyptischen, altchinesischen oder im frühen griechischen Kulturkreis vorliegen, ergeben, dass unser Farberleben am nachhaltigsten von Erfahrungen geprägt wird, die wir mit den Farben in der Natur um uns herum machen. Aufgrund der Farberfahrungen in der Natur bilden sich Hauptakzente einer Farbe und diese werden dann jeweils auf sozio-kulturelle und religiöse Erfahrungen übertragen. So kommt es, dass die Farbsymbolik kulturell verschieden ist.

Die übertragenen Bedeutungen, die wir einer Farbe zusprechen, entspringen also den Naturerfahrungen, die wir mit einer Farbe machen. Keine Farbe steht jedoch für sich allein. Die Wirkung einer Farbe ist immer vom Kontext abhängig, von dem Bedeutungszusammenhang, in dem wir die Farbe wahrnehmen. Eine Kleiderfarbe bewerten wir anders als eine Wohnzimmerfarbe oder eine Nahrungsmittelfarbe, wie wir es bereits von dem schwedischen Experiment her kennen.

Wofür steht Grün in unserer Kultur?

Grün steht für Natur und das Natürliche.

Die Natur ist grün, sie ist Fülle, ist Wachstum, Vegetation, Fruchtbarkeit auf den Feldern. Grün ist von der Erde selbst geboren, allgegenwärtig, allen zugänglich, weit verbreitet. Grün ist die belebende Farbe von Wiese und Weide, Fichte und Tanne, Blatt und Baum, von Tal und Niederung, von Kieselalge und Gänseblümchen. Das Grün der Natur erleben wir als beruhigend, tröstend, sogar als heilig. Als Symbolfarbe der Natur zeigt uns das Grün allerdings auch die Perspektive der Zivilisation. Nur Städter fahren ins »Grüne«, bezeichnen den Wald als »Grüne Lunge« nur in der Stadt gibt es Grünanlagen und Begrünung.

Mit dem Prädikat »Grün« kann man vielen Zivilisationserscheinungen einen natürlichen Anstrich geben: Es gibt »grüne Kosmetik«, »grüne Medizin«, ja sogar »grüne Chemie«. Die Partei der »Grünen« steht für den Schutz der Natur, für natürliche Energiegewinnung, für alternative Landwirtschaft.

Auch die Umweltschutzorganisation Greenpeace (zusammengesetzt aus den englischen Worten für ›grün‹ und ›Frieden‹) trägt das Grün in ihrem Namen. Wie natürlich Grün wirkt, hängt von den Farben ab, mit denen es zusammen auftritt.

Am natürlichsten wirkt es zusammen mit Blau und Weiß, den Farben des Himmels und Braun, der Farbe der Erde.

Grün steht für Ruhe, Harmonie und Geborgenheit.

»Durchaus die Farbe echter Sattheit der Existenz, es gibt nichts Wohltuenderes als Grün, weil es in das Auge einfließt mit einer milden Fülle, die nicht bloß ruhig werden lässt, sondern positiv beruhigt.«

Dazu eine kleine Geschichte aus dem Weltall: Russische Astronauten haben während ihrer Mission im Weltraum auf der MIR das erste Mal in ihrem Leben Pflänzchen gezogen und sie taten es mit großer Begeisterung. Es waren eine Rübe, ein Radieschen und eine Gurke. Einer von ihnen berichtet: »Man kann sich unmöglich vorstellen, wie viel Freude uns unser kleiner Gemüsegarten bereitet hat – eine Oase irdischen Lebens. Wir sagten großspurig: Auf geht's, machen wir einen Spaziergang im Wäldchen. Dem menschlichen Auge, das an das grüne Schmuckgewand der Erde gewöhnt ist, schenken lebende Pflanzen Ruhe. Man schläft sogar besser neben diesen feinen Stängelchen«.

Dem Umstand, dass Grün beruhigend wirkt, trug in englischen Theatern der »green room« Rechnung, ein Aufenthaltsraum für Schauspieler hinter der Bühne, der grün gestrichen war, damit sich die Augen entspannten, die dem grellen Bühnenlicht ausgesetzt waren.

Goethe sagt über die beruhigende Wirkung von Grün: »Man kann nicht weiter und man will nicht weiter«. Zu Goethes Zeiten war Grün auch die beliebteste Wohnzimmerfarbe.

Grün ist die beruhigendste aller Farben, die Farbe der irdischen Ruhe – so der Maler Kandinski – und damit die Farbe der Geborgenheit.

Als Symbol für Ruhe und Harmonie steht Grün auch für das Paradies: Heitere Ruhe, Windstille, Vogelgesang, Leichtigkeit, Friede, Harmonie, Grenzenlosigkeit gehören zu unseren Vorstellungen vom Paradies, das Paradies ist ein Garten.

Grün steht für Leben, Gesundheit und Frische.

Grün ist die Symbolfarbe des Lebens, Gedeihens, für alles, was wächst. Die Beziehung zur Lebenskraft des Anfangs ist bereits in frühester Sprachtradition enthalten: Das althochdeutsche Wort ›gruoen‹ und das mittelhochdeutsche Wort ›grüejen‹ und auch das englische »grow« heißen wie unser modernes deutsche Wort ›grünen‹ »natürlich wachsen«.

Das Gesunde ist Grün.

Grünes Gemüse weist fast jede Tönung und Nuance der Farbe auf: Salat und Artischocken, Spargel und Sellerie, Spinat und Erbsen, Gurken und Bohnen, Kresse und Schnittlauch. Sie stehen für Gesundheit und Frische. Grün ist die Symbolfarbe des pflanzlichen Lebens; Rot die des animalischen. Zusammen symbolisiert GRÜN-ROT höchste Vitalität.

Grün steht gleichzeitig auch für Frische.

Der Zusammenhang zwischen Grün und frisch zeigt sich auch in unserer Sprache. Frisch ist das Gegenteil von konserviert, zubereitet, getrocknet.

»Grünes Holz«, ist frisches, nasses Holz. Einen Schlager, der zwar alt aber nie altmodisch ist, nennt man »Evergreen«. Was grün ist, wird als frisch empfunden, sogar grün gefärbtes Parfüm suggeriert einen herbfrischen Duft, man spricht von einer »grünen Duftnote«.

Grün ist ein Symbol für Fruchtbarkeit.

In China gilt der grüne Schmuckstein Jade als der schönste Stein überhaupt und als Fruchtbarkeitssymbol, mit dem man Möbel und Werkzeuge verziert. Er ist der Inbegriff himmlischer Lebenskraft.

Es gibt den Jadestein von undurchsichtigem Weißgrün bis zu klarem intensivem Grün.

Auch der grüne Frosch ist ein Symboltier der Fruchtbarkeit. Er ist grün, legt viele Eier und ähnelt dem menschlichen Embryo. Auch der Froschkönig im Märchen ist grün und wird von der Prinzessin zum Prinzen geküsst.

Grün steht für Hoffnung.

Welche Erfahrungen stecken dahinter?

Die Idee der »grünen Hoffnung« leitet sich aus der Erfahrung des Frühlings ab. Frühling bedeutet Wiederergrünen, Wiedergeburt, Erneuerung nach einer Zeit der Entbehrung, der Dürre, des Mangels. Auch die Hoffnung ist ein Gefühl, dem eine Zeit der Entbehrung vorausgegangen ist. Wie nach dem Winter die Saaten keimen, so keimt nach einer trüben Zeit die Hoffnung im Herzen. »Je dürrer die Zeit, desto grüner die Hoffnung« sagt ein Sprichwort. »Mein Herz wird grün«, hieß es, wenn man wieder hoffen durfte. Für viele Menschen ist die Hoffnung maigrün oder türkisgrün.

> Wenn die Hoffnung aufwacht,
> legt sich die Verzweiflung schlafen.
> *Asiatisches Sprichwort*

Auch in der katholischen Kirche ist alles, was Hoffnung verheißt, grün: Der Heilige Geist ist der Geist der Hoffnung und das ihm zugeordnete Fest Pfingsten wird im Zeichen des Grün gefeiert, mit grünen Zweigen. An Ostern, dem Fest der Auferstehung, dem Triumph des Lebens über den Tod, ist Grün die Farbe, die in der Kirche getragen wird.

Im Sinne der Hoffnung ist Grün auch die Farbe der beginnenden Liebe. In dem Lied »Mädel, ruck, ruck, ruck an meine grüne Seite«, ist mit der grünen Seite, die linke Seite gemeint, da wo der Sitz des Herzens und der Gefühle ist. Wenn einem jemand »nicht grün ist«, kann man ihn nicht leiden.

Grün steht für Sicherheit und Zuverlässigkeit.

Verkehrsampeln sind grün, grüne Schilder signalisieren freien Durchgang, Notausgänge sind grün und Rettungswege sind mit weißen Pfeilen auf grünem Hintergrund gekennzeichnet. Diese Symbolik wurde auch in die Umgangssprache übernommen: »Jemandem grünes Licht geben«, heißt Unterstützung geben, »eine grüne Welle« haben, Erfolg haben. Im »grünen Bereich« sind wir dann, wenn alles in Ordnung ist und die »Greencard« gibt »grünes Licht« für Amerika und inzwischen auch für unser Land: für Aufenthalt und Arbeit.

Die Operationswäsche ist aus funktionalen Gründen Grün. Neben der beruhigenden Wirkung auf die Augen der Chirurgen, hat die grüne Wäsche den Vorteil, dass Blut darauf braun und weniger erschreckend wirkt.

Als »Standardgrün« wird ein dunkles graustichiges Grün angesehen. Es gilt als angenehmste Farbe bei langer Betrachtung und ist deshalb auch die Farbe von Schultafeln.

Wer trägt Grün?

- Als Ausdruck von Sicherheit tragen Polizeibeamte grün.
- Als Ausdruck von Naturverbundenheit tragen Jäger grün.
- Als beruhigende und sichere Farbe tragen Chirurgen grün.
- Die katholischen Priester tragen an allen Sonntagen, die keine Gedenk- oder Feiertage sind und an Ostern grün.
- Gärtner tragen grün.
- Als Ausdruck von Kraft und Energie ist Grün eine Farbe, die von legendären literarischen Gestalten wie Robin Hood und Peter Pan getragen wurden.
- Als Ausdruck der beginnenden und hoffenden Liebe trägt Frau Minne, die Personifizierung der Liebe in der mittelalterlichen Kunst, ein grünes Kleid.
- Als Ausdruck des Wiedererwachens der Natur trägt die »Primavera« (der Frühling) auf Boticellis berühmtem Bild ein grünes Kleid.

Durch die Kleidung, die wir tragen, durch die Farben, die wir bevorzugen oder ablehnen, geben wir selbst farbliche Signale. Wenn uns eine Farbe fasziniert, sind wir auch von dem ergriffen, was an Bedeutung und Symbolik hinter dieser Farbe steht.

Wie keine andere Farbe hat Grün ein Doppelgesicht, ist widersprüchlich, und ambivalent. Ihr Rätsel ist auch ihre Pracht. Grün ist mehr als eine Farbe. Es ist die Quintessenz der Natur, es ist eine Lebenshaltung. Grün ist eine lebenswichtige Farbe. Im Zeichen des Grün werden auch Wohnhäuser entworfen. Künstler und Architekten fordern schon seit vielen Jahren Begrünung der Häuser und Hausumgebungen; der österreichische Künstler Hundertwasser entwarf Begrasung, Bemoosung und Bewaldung der Dächer, in einem Umfang, dass eine Stadt vom Flugzeug aus gesehen nicht mehr von einem Wald zu unterscheiden wäre. Grün ist die Farbe der Zukunft.

Der große Verführer Mephisto sagt in Goethes Faust zum zaudernden Schüler Wagner: »Grau, teurer Freund, ist alle Theorie und grün des Lebens goldner Baum.«

Und auf einmal steht es neben dir

Und auf einmal merkst du äußerlich:
Wieviel Kummer zu dir kam,
wieviel Freundschaft von dir wich,
alles Lachen von dir nahm.

Fragst verwundert in die Tage.
Doch die Tage hallen leer.
Dann verkümmert deine Klage...
Du fragst niemanden mehr.

Lernst es endlich, dich zu fügen,
von den Sorgen gezähmt.
Willst dich selber nicht belügen
Und erstickst es, was dich grämt.

Sinnlos, arm erscheint das Leben dir,
längst zu lang ausgedehnt. –
und auf einmal –: Steht es neben dir,
an dich angelehnt –
Was?
Das, was du so lang ersehnt.

Joachim Ringelnatz

Wunsch

Ich wünsche Dir, dass Du Deinen Tag lächelnd beginnen kannst, in froher Erwartung all der vielfältigen Aufgaben, die auf Dich warten,
und all der Begegnungen, die Dir geschenkt werden;
dass Du aber auch die nötige Geduld hast, dass zu ertragen, was Dir lästig ist oder was Dir überflüssig erscheint.

Ich wünsche Dir, dass Du die Anforderungen nicht als Einengung erlebst, die Aufgaben und Menschen an Dich stellen, sondern in Gespräch und Auseinandersetzung mit ihnen Freiheit erfährst,
eine Freiheit, die nicht losgelöst ist von Bindungen, sondern die gerade in Bindungen und Beziehungen entsteht.

Ich wünsche Dir, dass Dich auf all Deinen Wegen ein Engel umgibt, der Dich behütet in allem, was Dich ängstigt und bedroht und Dich bewahrt vor einem Übermaß an Schmerz und Schuld.
Ich wünsche Dir, dass Dir die Nacht Ruhe schenkt,
dass Du Dich in den Schlaf sinken lassen kannst
und dass friedliche Träume ihre Bilder aufsteigen lassen
in Deiner Seele und Dir neue
Kräfte zuströmen für den kommenden Tag.

Achtet auf die, die achtenswert sind.
Dalai Lama

Jeder von uns ist ein Engel mit nur einem Flügel.
Und wir können nur fliegen, wenn wir uns umarmen.
Luciano de Crescenzo

Es gibt Menschen, die fangen Fische,
und solche, die nur das Wasser trüben.
Orientalische Weisheit

Hilfsmöglichkeiten

Psychologische Krisenintervention

Die nachfolgend beschriebenen Hilfsmöglichkeiten zur psychologischen Krisenintervention richten sich auch und in erster Linie an das Umfeld der Betroffenen: an Freunde, Angehörige sowie an weitere Helfer.

> Gibst du jemandem einen Fisch, nährt er sich nur einmal.
> Lehrst du ihn das Fischen, nährt er sich für immer.
> *Orientalische Weisheit*

In Krisensituationen tut Hilfe gut, aber nicht jede Hilfe ist hilfreich!

Hilfe, egal ob Selbsthilfe, Laienhilfe oder professionelle Hilfe, sollte zuerst darauf abzielen, die natürlichen Selbstheilungskräfte zu unterstützen.

Hilfe ist immer ›manipulativ‹ (›Manipulation‹ / ›manipulieren‹ kommt von den lateinischen Wörtern *manus*, »die Hand« und *pleo* »voll«: »Handvoll, Bündel«; dann im 18. Jh. entsteht in Frankreich (›manipuler‹) und Deutschland (›manipulieren‹) die Bedeutung »heilen, behandeln«, nämlich indem man ›eine Handvoll Heilkräuter‹ verabreicht; die moderne Bedeutung »beeinflussen« ist dann durch diese Verbindung entstanden: »handhaben, geschickt agieren, durch Geschick beeinflussen«).

Die medizinisch-psychologische Grundphilosophie der Unterstützung von natürlichen Selbstheilungsstrategien wird mit dem alten Satz *natura sanat, medicus curat* (»Die Natur heilt, der Arzt unterstützt«) zum Ausdruck gebracht. Und auch erfolgreiche Beratung und akute psychologische Krisenintervention beruhen auf einer sogenannten zielgruppen- und ressourcenorientierten Unterstützung natürlicher Selbstheilungsprozesse. Das bedeutet, dass jeder Mensch von Natur aus über zahlreiche Ressourcen verfügt, die ihm helfen, auch mit schwierigsten seelischen Lebenssituationen zurechtzukommen. Manchmal vergessen Menschen ihre eigenen Stärken, oder diese sind durch andere Erfahrungen überlagert. Beratung und Therapie helfen, die vorhandenen Ressourcen wieder bewusst zu machen und sie für die Veränderung der unbefriedigenden Lebenssituation einzusetzen.

> Wir müssen immer wieder das Gespräch
> Mit unserem Nächsten suchen.
> Das Gespräch ist die einzige Brücke
> zwischen den Menschen.
> *Albert Camus*

Eine ressourcenorientierte Beratung wird in der Psychologie mit der sogenannten ›Hebammenkunst‹ beschrieben. Der psychologische Berater hilft dem Patienten lediglich dabei, die in ihm selbst befindlichen Lösungen, und selbst mitgebrachten, aber oft nicht bewussten Ideen für eine Konfliktlösung zu Tage zu fördern (eben so, wie eine Hebamme der werdenden Mutter nur eine hilfreiche Unterstützung gibt, die Geburt läuft von alleine). Es gilt die Stärken zu stärken und dem Patienten Anleitungen zu geben, wie er sich selbst helfen kann. Es gibt innermenschliche Ressourcen und Ressourcen, die sich im sozialen Umfeld des Patienten befinden. Beide können für Veränderungsprozesse genutzt werden.

Voraussetzung hierfür ist die sogenannte Introspektionsfähigkeit des Patienten, d.h. sein Einsichtsvermögen. Ein anderes Wort für Einsichtsvermögen ist im direkten Sinne des Wortes *Intelligenz*. Sie wird psychologisch definiert als die Fähigkeit, Probleme zu lösen und neue Probleme zu schaffen. Wir wissen heute, dass Menschen nicht nur über eine einzige Intelligenz, sondern über sieben verschiedene Intelligenzen verfügen:

- sprachliche Intelligenz
- musikalische Intelligenz
- logisch-mathematische Intelligenz
- räumliche Intelligenz
- körperliche (Bewegungs-)Intelligenz
- personale (soziale) Intelligenz
- emotionale Intelligenz

> Falle siebenmal,
> stehe auf das achte Mal.
> *Japanisches Sprichwort*

Intelligenz hat sehr viel mit Kreativität zu tun und Kreativität ist die Grundlage für Veränderung! Krisen im menschlichen Leben sind kreative Phasen der Entwicklung, Wandlung und Veränderung. Krisen fördern die menschliche Kreativität, indem sie ihren Handlungsspielraum erweitern und neue Lösungen für schwierige Situationen liefern. Um krisenhafte

Lebenssituationen zu bewältigen, ist es sehr hilfreich, die Kreativität des Menschen zu nutzen. Krisen schöpfen etwas Neues.

> Es ist nichts schrecklicher als eine tätige Unwissenheit.
> *Johann Wolfgang von Goethe*

Grundsätzliches zur psychologischen Krisenintervention

> Wenn jemand Gesundheit sucht,
> frage ihn erst,
> ob er auch bereit ist,
> zukünftig alle Ursachen
> seiner Krankheit zu meiden –
> erst dann darfst du ihm helfen.
> *Sokrates*

- Psychologische Krisenintervention ist ressourcenorientiert und individuell
- Psychologische Krisenintervention ist persönlich, schnell und ermöglicht eine Langzeitwirkung
- Psychologische Krisenintervention ist zukunfts- und entwicklungsorientiert
- Psychologische Krisenintervention nutzt positive Bilder, Gedanken, Gefühle als Gegengewicht zu belastenden Bildern, Gedanken, Gefühlen
- Psychologische Krisenintervention ist eine zwischenmenschliche Begegnung und wird getragen von Gefühlen einer inneren Sympathie
- Bei der psychologischen Krisenintervention geht Beziehung vor Technik
- Psychologische Krisenintervention beruht auf dem Prinzip der stellvertretenden Zuversicht und Hoffnung

Positives Menschenbild

So wie ein Samenkorn eine Fülle von Fähigkeiten besitzt, die durch die Umwelt (Boden, Regen, Gärtner usw.) entfaltet werden, so entwickelt auch der Mensch seine Fähigkeiten in enger Beziehung zu seiner Umwelt. Jeder Mensch verfügt nach Peseschkian über zwei Grundfähigkeiten: die Erkenntnisfähigkeit (Kognition) und die Liebesfähigkeit (Emotionalität).

> Was darf ich wissen?
> Was kann ich hoffen?
> Was soll ich tun?
> Was ist der Mensch?
> *Philosophische Grundfragen*

Erkenntnisfähigkeit bedeutet die Fähigkeit zu lernen und zu lehren. Aus der Erkenntnisfähigkeit entwickeln sich die sekundären Fähigkeiten wie Pünktlichkeit, Sauberkeit, Ordnung, Gehorsam, Höflichkeit, Ehrlichkeit, Offenheit, Treue, Gerechtigkeit, Fleiß, Leistung, Sparsamkeit, Zuverlässigkeit, Genauigkeit und Gewissenhaftigkeit.

> Was einem angehört,
> wird man nicht los,
> und wenn man es wegwürfe.
> *Johann Wolfgang von Goethe*

Liebesfähigkeit bedeutet die Fähigkeit zu lieben und geliebt zu werden. Die Liebesfähigkeit führt in ihrer weiteren Entwicklung zu den primären Fähigkeiten wie lieben können, Vorbild sein, Geduld haben, sich Zeit nehmen, Kontakt knüpfen können, Zärtlichkeit und Sexualität geben und nehmen, vertrauen können, Hoffnung haben, glauben können, zweifeln können, zu Gewissheiten gelangen und Einheit herstellen.

Der Mensch lebt und arbeitet in einem dichten Netz von privaten und beruflichen Beziehungen. Sein Leben wird von Gesundheit und Krankheit bestimmt, die vom Verlauf der Lebensgeschichte und der gegenwärtigen Lebenssituation abhängig sind. Ein Mensch ist dann gesund, wenn er sich in Liebe und Arbeit befriedigend betätigen kann, wenn er sich körperlich, seelisch und sozial im Gleichgewicht befindet. Der Mensch entwickelt seine Persönlichkeit, lernt seine Rollen, und seine Struktur erhält Gestalt in Form von Identität mit seinem Körper (Leiblichkeit), dem sozialen Umfeld, der Arbeit und Leistung, den materiellen Sicherheiten und den persönlichen Glaubensvorstellungen (Normen, Werte, Selbst-, Fremd- und Weltbild). Jeder Mensch strebt danach glücklich zu sein. Wird er in seiner Entwicklung von innen oder außen gestört, kann es zu Krisen, Störungen, Defiziten, Konflikten und traumatischen Erlebnissen kommen. Diese sind nie nur auf Teilwirklichkeiten des Menschen gerichtet, sondern treffen immer den Menschen in seinem Umfeld und lebensgeschichtlichen Zusammenhang. Menschen sind sehr zerbrechlich. Persönlichkeitsentwicklung und Identität sind immer auf den ganzen Menschen gerichtet, denn Menschen sind unteilbar (Individuum = lat. das Unteilbare). Nur als ungeteiltes und in sich stimmi-

> Der Mensch ist nur ein Netz von Beziehungen,
> und nur auf sie kommt es an.
> *Antoine de Saint-Exupéry*

ges Wesen kann der Mensch sein Leben aktiv und kreativ gestalten. Das Zusammenfallen von Vergangenheit und Zukunft in einem Menschen nennen wir Gegenwart. Sie ist Gegenstand von Psychotherapie, Beratung und auch von akuter psychologische Krisenintervention. Bei psychologischer Krisenintervention steht der ungeteilte Mensch im Mittelpunkt, mit allen seinen Ressourcen und Zielen.

»Die Welt, Freund Govinda, ist nicht vollkommen, oder auf einem langsamen Weg zur Vollkommenheit begriffen: nein, sie ist in jedem Augenblick vollkommen.«
Hermann Hesse: Siddhartha

Psychologische Krisenintervention durch Information

Krisenintervention ist eine Funktion der Zeit: Es gibt immer nur eine für den Moment beste Hilfe; die Hilfe muss reichen, um den nächsten Schritt zu tun.

Psychologische Krisenintervention bezeichnet die Gesamtheit aller Maßnahmen, die erforderlich sind, um durch ihr Zusammenwirken eine gegebene Situation zu verändern. Zur Krisenintervention gehört also alles, was man tun kann, um zu einem Menschen in einer Krisensituation Kontakt aufzunehmen, eine vertrauensvolle Beziehung zu ihm herzustellen, ihn zu stabilisieren, aufzuklären und ihm zu helfen, sich selbst zu helfen.

Psychologische Krisenintervention ist ein Informationsaustausch in einer zwischenmenschlichen Beziehung. Gegenstand von psychologischer Krisenintervention ist eine bestehende Hilflosigkeit. Als mitmenschlicher Prozess entwickelt die psychologische Krisenintervention Vertrauen in die eigenen Fähigkeiten. Auf diesem Weg leistet sie Unterstützung zur Lösung von Problemen und dient der Entscheidungsfindung. Psychologische Krisenintervention ist auch eine Hilfe zur Selbsthilfe. Als helfendes Gespräch soll sie die Ratsuchenden in die Lage versetzen, ihre Schwierigkeiten selbstständig zu bewältigen. Erreicht wird das durch tiefe Einsichten in Problemzusammenhänge emotionaler, kognitiver, sozialer oder den gesamten Körper betreffender Bereiche. Psychologische Krisenintervention kann dann erfolgreich durchgeführt werden, wenn ein Mensch den Wunsch hat, sich helfen zu lassen, ohne die Entscheidungsfreiheit und die

Verantwortung für das eigene Verhalten und Handeln aufgeben zu müssen. Sie verbessert die Selbstorganisationsfähigkeit, entwickelt Bewältigungs- und Konfliktlösungsmechanismen, fördert Einsichtsvermögen und führt zu mehr Verantwortlichkeit, neuen Denk- und Verantwortlichkeiten. Die psychologische Krisenintervention ist ressourcenorientiert, auf den individuellen und ganzen Menschen gerichtet.

> Man tut das, was man ist.
> Man wird das, was man tut.
> *Robert Musil*

Grundsätzliche Zielgruppe und Ziele psychologischer Krisenintervention:

- Zielgruppe: alle denkbaren Lebenswelten und Lebensstile in allen Altersgruppen und Phasen des Lebenszyklus
- Zielformulierung: Wiederherstellung und dauerhafte Erhaltung von persönlicher Zufriedenheit, Lebensgestaltung und Lebensplanung für die Zukunft
- Individuelle und ressourcenorientierte Förderung von Chancennutzung und der Motivation und Fähigkeiten zur Ausgestaltung neuer Erfahrungsräume des Einzelnen und seiner Familie oder seines Umfelds
- Dauerhafte Erfahrungs- und Entfaltungschancen
- Sicherer Zugewinn an kreativen Möglichkeiten und Spielräumen des Entscheidens, Auswählens und Handelns
- Zugangschancen zu Entwicklungs- und Entfaltungsspielräumen sind an psychologische Sicherheiten geknüpft, an Ressourcen, die dem Einzelnen aus seiner Umwelt, aus sich selbst und aus dem Zusammenspiel von sozialen und individuellen Potenzialen heraus verfügbar und nutzbar sind

Diesen Ressourcen muss sich psychologische Krisenintervention zuwenden: erhaltend, aufbauend und fördernd. Sie bietet einen völlig neuen Ansatz im Gegensatz zu den sonst mangelhaften und zu theoretischen Therapie- oder Beratungsansätzen.

Die psychologische Krisenintervention definiert nach F. Nestmann fünf vereinheitlichende und identitätsstiftende Grundpositionen für Beratung:

1. den vorrangigen Bezug auf weitgehend reflexions- und handlungsfähige, relativ gut angepasste und funktionierende Personen – also nicht schwergestörte Menschen

2. die Betonung zeitlich überschaubarer und begrenzter (auch kurzer) Beratungsdauer
3. die Priorität von Stärken und Fähigkeiten der Betroffenen vor ihren Defiziten und Schwächen
4. die Einsicht, dass sich das Leben (und damit auch Leiden) in der Interaktion von Person und Umwelt vollzieht und nicht nur in der Person oder nur in ihrer Umwelt
5. die durchgängige Verankerung von Beratungsaufgaben in den weiteren Kontexten der Lebensbezüge einer Person in allen speziellen Anwendungsfeldern (der Bildungs-, Berufs- und Karriereberatung, der Erziehungs-, Familien- und Eheberatung, der Sucht und Drogenberatung, der Beratung von Migranten, alten Menschen etc.)

In einem ressourcenorientierten Ansatz von psychologischer Krisenintervention, der sich auf Personen, ihre Lebenswelten und insbesondere auf die Interaktion von Person und Umwelt bezieht, scheint eine erfolgreiche Veränderung einer gegebenen Situation am ehesten möglich.

Schnelle Stabilisierung bei seelischer und körperlicher »Schieflage«: »Das hätte ich mir nicht träumen lassen ...«

Menschen in und nach belastenden Lebenssituationen sind nicht krank. Also sollte man sie auch nicht wie Kranke behandeln. Sie zeigen oft ungewohnte Reaktionen und bis dahin unbekannte Erlebnisweisen. Diese deuten auf die Verrücktheit des erlebten Ereignisses hin – nicht auf eine »Verrücktheit« des Betroffenen. Betroffene müssen auch nicht ständig über ihr Erlebnis erzählen. Man sollte sie vielmehr an ihre Stärken erinnern, diese fördern und unterstützen. Darüber können sie dann selbst einen Weg in eine Welt finden, die für sie wieder sicher und »in Ordnung« ist.

Die Erfahrungen der Betroffenen dürfen nicht entwertet werden. Das bedeutet für die Helfer zunächst eher Kopf- als Körperarbeit. Scham, Schuld, Zweifel und Ängste können die Begleiter der Betroffenen sein. Das ist normal. Angst ist gut, weil sie schützt und Teil des menschlichen Frühwarnsystems ist. Zu diesem menschlichen Frühwarnsystem gehören auch Schlafstörungen. Das ist nicht paradox! Wer wach ist, passt auf, dass nichts passiert. Wer schläft, vertraut und gibt Kontrolle auf. In der Anfangszeit nach einem belastenden Ereignis gilt aber auch hier: Vertrauen ist gut, Kontrolle ist besser!

Schimpfen Sie ruhig mal! Schimpfen ist der Stuhlgang der Seele!

Auch Wut und Aggressionen können in unterschiedlichster Form auftreten. Das ist ebenfalls normal. Auch eine tiefe Erschöpfung wäre in der Anfangsphase unbedenklich. Haben Sie keine Angst, Betroffene anzusprechen und Ihre Hilfe anzubieten. Die Möglichkeit darüber zu entscheiden, ob sie sie annehmen oder nicht, ist ein Teil der Wiedererlangung von Kontrolle, Selbstbestimmtheit und Selbststeuerung. Und Betroffene fühlen sich in ihrer Situation ernst genommen. Weiteres Misstrauen, Entmündigung und Kritik schaden und machen das Leben schwer. Aufklärung, Information und Aktivitäten helfen. Auch Ablenkung. Unterschätzen Sie nicht die Selbstregulation des menschlichen Körpers. Aber lassen Sie ihm Zeit und Ruhe. Ungeduld verzögert einen Verarbeitungsprozess. Achtsamkeit fördert ihn. Veränderungen beginnen zuerst im Kopf. Daher ist Aufklärung sehr wichtig. Anerkennung und Verständnis helfen heilen. Der Körper folgt dem Kopf. Daher ist es wichtig, sehr schnell wieder eine Vorstellung davon zu bekommen, wie es sein könnte, wenn es den Betroffenen wieder gut geht und woran sie zuallererst merken, dass es ihnen wieder besser geht.

Selber steuern ist besser als Beifahrer im Leben zu sein, ohne zu wissen, wohin die Reise geht. Klare Zielformulierungen erleichtern den Betroffenen den Weg. Und sie machen ihn erst möglich. Jede Veränderung beginnt zuerst im Kopf. Von daher ist es sehr wichtig, zunächst wieder eine Vorstellung davon zu bekommen, wie es sein könnte, »wenn es mir wieder besser geht«. Hier bewährt sich oft die Zauber- oder Wunderfrage der Familientherapie: »Wir tun jetzt nur mal so als ob. Stellen Sie sich vor, das Wunder passiert und Sie wachen morgens in Ihrem Bett auf und stellen fest, dass in der letzten Nacht ein Wunder geschehen ist. Alles ist für Sie so, wie es besser und schöner nicht sein könnte. Woran würden Sie dieses Wunder zuerst an sich feststellen? Wem würden Sie davon erzählen? Woran würden andere Menschen merken, dass Ihnen dieses Wunder geschehen ist?«

Gesundheit und Heilung haben viel mit der Vorstellung und den eigenen Gefühlen zu sich selbst zu tun. Dazu gehört eine gehörige Portion Illusion und die Fähigkeit zu träumen. Menschen nach extrem belastenden Ereignissen sind oft massiv enttäuscht (desillusioniert). Das Wort »ent-täuscht« macht es allein schon deutlich: Es hat etwas mit »Täuschung« zu tun. Enttäuschung ist die Wegnahme einer Täuschung, der Verlust einer Illusion ähnlich wie beim Zaubern. Solange man nicht weiß, wie ein magischer Trick funktioniert, ist man fasziniert. Nimmt man die Täuschung weg und erklärt den Trick, ist man enttäuscht: »Ach so einfach geht das. Das kann ja jeder.« Belastende Lebensereignisse konfrontieren den Menschen ganz hart und erbarmungslos mit der Realität und enttäuschen ihn. »Ich habe geglaubt, mir passiert das nicht. Ich habe mich immer so sicher gefühlt. Ich dachte, die Welt und die Menschen seien anders.« Diese Enttäuschung mündet oft in Resignation und Hoffnungslosigkeit. Beide zusammen führen dann nicht selten in Gefühle von Hilf- und Ausweglosigkeit. Heilung und Gesundheit beginnt zuerst im Kopf, in der Vorstellung und Fantasie, die ich von mir selbst habe. Menschen die nach einem belastenden Ereignis wieder anfangen zu träumen und Illusionen zu haben, sind auf dem besten Wege wieder vollständig gesund zu werden.

> Fantasie ist wichtiger als Wissen, denn Wissen ist begrenzt.
> *Albert Einstein*

Heilung wird vor allem durch die Richtung bestimmt, nicht durch die Geschwindigkeit.

> Auch eine Reise von 1000 Meilen beginnt mit einem ersten Schritt!
> *Japanisches Sprichwort*

Psychologische Krisenintervention durch Risiko- und Konfliktmanagement

Mitarbeiterführung in Krisensituationen

Belastende Ereignisse können nicht nur für den Einzelnen eine akute Krisensituation bedeuten, sondern auch ganze Arbeitszusammenhänge massiv erschüttern. Unfälle am Arbeitsplatz, der Tod eines Kollegen, ein Überfall, Mobbing (soziale Traumatisierung), persönliche Krisen von Mitarbeitern, ökonomische Krisen, Fusionierungen, Kündigungen usw. werfen sehr schnell eine Reihe von Fragen auf:

- Wie wird sich unser Chef verhalten?
- Wie hat sich unser Chef verhalten?
- Wie verhalten sich die Kolleginnen und Kollegen?
- Wie haben sich die Kolleginnen und Kollegen verhalten?
- Bin ich auf diese Situation persönlich ausreichend vorbereitet?
- Bin ich auf diese Situation fachlich ausreichend vorbereitet?
- Wie verhalte ich mich am besten in der Krisen- und Risikosituation?
- Was kann ich tun, um meine Kolleginnen und Mitarbeiter zu unterstützen?
- Woran erkenne ich, ob jemand fachliche Unterstützung oder Hilfe benötigt?

In der Krise bewährt sich die Führungskraft. Wer weitblickend, geistesgegenwärtig und fürsorglich handeln kann, gewinnt das Vertrauen seiner Mitarbeiter, vielleicht für immer. Ebenso kann es in der Krise auf lange Zeit verspielt werden.

Risikomanagement sollte sich auf drei Handlungsbereiche konzentrieren:

1. *Vorbereitung:* Sind wir auf die Krise optimal vorbereitet – organisatorisch und persönlich? (Primäre Prävention)
2. *Krisensituation:* Wie verhalte ich mich in der Risikosituation – äußerlich und innerlich? (Krisenmanagement)
3. *Nachsorge:* Wie erhole ich mich selbst von der Krise? Wie unterstütze ich meine Mitarbeiter und Mitarbeiterinnen dabei? Wann ist fachliche Hilfe erforderlich? (Sekundäre Prävention)

Krisenmanagement verlangt die Fähigkeit, in einer unkontrollierbaren, unüberschaubaren Situation kontrolliert, planmäßig und zugleich spontan zu agieren (äußeres Krisenmanagement). Aber auch die Fähigkeit abzuwarten, wenn ich nicht handeln kann oder darf. Was tue ich, wenn ich nichts tun kann? (inneres Krisenmanagement). Wer beides beherrscht, erzielt die besten Erfolge. Nicht nur in katastrophalen Situationen, sondern oft auch im »ganz normalen« Geschäftsleben, das nur allzu oft »Risikomanagement« verlangt.

In den drei Handlungsbereichen sind Kompetenzen erforderlich, die bislang oft dem Zufall überlassen blieben. Manchmal ging alles gut, manchmal auch nicht. Wer sich der Herausforderung bewusst stellen möchte, muss Wissen und Fertigkeiten erwerben, die bislang nicht oder nur selten zusammenkamen, obwohl sie zusammengehören.

Er benötigt:

- Grundkenntnisse über Erscheinungsbilder, Erklärungsansätze, frühe Risikoeinschätzung, Vorbeugung und Nachsorge posttraumatischer Veränderungen
- Kenntnisse in optimaler Vorbereitung auf Risikosituationen (Delfinstrategien)
- Informationen zu menschlichen Erlebnisabläufen in Ausnahmesituationen und Möglichkeiten von Selbstkontrolle und Fremdbeeinflussung
- Prinzipien der Mitarbeiterführung in Belastungs- und Krisensituationen
- Verhandlungsstrategien für gefährliche Lagen – Strategien, wie sie in asiatischen Kampfsport- und Meditationstechniken bisher wohl am eindrucksvollsten entwickelt und verfeinert wurden
- Kenntnisse und Fertigkeiten, Spitzenleistungen zu erbringen auch bei schwerem Stress und kritischer Belastung

- »Tiefenpsychologisches« Verständnis für sich und seine Mitarbeiter. Denn in Risikosituationen handelt der Mensch aus seinem unbewussten Erleben und Verhalten heraus und nicht nur rational
- Techniken von Management und Verhandlungsführung, die den »Härtetest« einer Krisensituation nicht zu fürchten brauchen.

Ob und wie derart unterschiedliche, bislang allenfalls verstreute Kenntnisse zusammenkommen, hängt wie immer von den Institutionen und – nicht zuletzt – Personen ab, die in einem Team zusammenarbeiten.

Führungskräften, die in einem Unternehmen oder einer Institution eine verantwortliche Aufgabe für Sicherheitsfragen und Risikomanagement übernehmen, sollte zukünftig im Bereich der Überfall- und Unfallhilfe und der psychologischen Akutintervention nach belastenden Ereignissen eine qualifizierte Aus- und Weiterbildung angeboten werden.

Wünschenswert wären dabei unter anderem folgende Inhalte:

- Trauma und Grundlagen von Posttraumatischen Belastungsstörungen
- Psychologische Akutintervention
- Psychoedukation
- Frühe Risikoeinschätzung
- Stabilisierungstechniken
- Unterstützung von natürlichen Selbstheilungsprozesses
- Ressourcenorientierte Kommunikation
- Prinzipien von Chaosmanagement (Delfinstrategien)
- Mitarbeiterführung in Krisensituationen
- Nachsorge von traumatisierten Mitarbeitern
- Psychohygiene
- Prävention
- Psychodynamische Traumaprävention (z.B. unbewusster Arbeitsvertrag oder Mobbing)
- Tiefenpsychologischer Zen-Zugang
- Achtsamkeits- und Meditationstechniken (z.B. Atem-Übung, Wasser-Technik, Bambusmodell)
- Sicherheitsphilosophie Mikoto-Do, der Weg von Körper und Wort.

Mikoto-Do: Weg der Worte

Mikoto-Do wurde von Sensei Trapski (6. Dan) entwickelt. Es handelt sich hierbei um ein psychotraumatologisch begründetes Präventionskonzept auf der Grundlage von Strategien der Selbstverteidigung. Peter Trapski ist ein Pionier aus der Gründungsdekade des Karate in Deutschland und lehrt als ehemalige Bundestrainer von Dänemark und Deutschland im größten Karateverein Deutschlands seine moderne Stilrichtung mit traditionellem Hintergrund (Shoto Ryu Honbu Dojo Polizeisportverein Essen, Karate). Mikoto-Do ist eine Form der Mitarbeiterführung in Krisensituationen durch Risiko- und Konfliktmanagement.

Wenn Sie sich dafür interessieren, eine Selbstverteidigungs- oder Kampfsportart zu erlernen, sollten Sie sich vor Ihrer Auswahl und Entscheidung viel Zeit und Ruhe lassen, sich umfassend erkundigen und gut beraten lassen. Seien Sie sehr vorsichtig und prüfen Sie die unterschiedlichen Angebote außerordentlich genau. Die Anzahl von »schwarzen Schafen«, Scharlatanen und unseriösen Anbietern auf diesem Gebiet ist sehr groß. Wenn Sie unsicher sind, Fragen haben und sich fachlich zu dieser Thematik beraten lassen wollen, wie Sie den für Sie passenden Verein oder Trainer finden, wenden Sie sich bitte an den PSV Essen, Abteilung Karate (die Adresse finden Sie im Anschriftenteil). In Fachkreisen gilt Peter Trapski und der Polizeisportverein Essen bundesweit als sehr erfahrener, fachkundiger und äußerst seriöser Experte auf diesem Gebiet.

Bewegung wurde in allen Kulturen und zu allen Zeiten als ein hervorragendes Mittel zur Erhaltung und Wiederherstellung, körperlicher, seelischer und geistiger Gesundheit betrachtet. Eine ganzheitliche Sicht überschreitet eine Zentrierung auf Bewältigungsstrategien, ohne diese Dimension allerdings auszublenden. Besonders die fernöstlichen Formen der Bewegungsarbeit haben einen Beitrag zur Persönlichkeitsbildung und Heilung geleistet, der als ein universelles Kulturgut zu betrachten ist. Die Budo-Künste sind hierzulande leider oft nur als Formen des »Kampfsportes« bekannt geworden. Ihr pädagogisches, therapeutisches, prophylaktisches, rehabilitatives und präventives Potential wird dabei oft nicht ausreichend gewürdigt und zur Kenntnis genommen.

Das japanische Wort »Budo«, im Deutschen übersetzt mit »Kampfkunst«, bedeutet aber von den Schriftzeichen her gesehen einen Weg (Do), um

Zanshin – unbewegter Geist

Der Begriff *zanshin* ist oft auch Japanern nicht geläufig und wird zumeist verkürzt als »gebrochenes Herz« verstanden. Allgemein bedeutet *zanshin* »der Geist, der beharrt und immer umsichtig bleibt, ohne an etwas festzuhalten«. Über Geistesgegenwart und Aufmerksamkeit hinaus ist damit gemeint, sich auf die Gegenwart zu konzentrieren, ohne an Vergangenem zu haften oder die Zukunft zu bedenken, jedoch ohne auf den Moment fixiert zu sein und jederzeit auf Veränderungen reagieren zu können.

Für die Kampfkünste bedeutet *zanshin*, unbefangen und frei von einer zur nächsten Bewegung übergehen zu können, ohne über die vorherige oder kommende nachzudenken, beispielsweise weil die zurückliegende Technik nicht »vollkommen« war und um eine neue Chance in der folgenden zu suchen. Konzentration auf die Gegenwart soll angestrebt werden, ohne auf einen Umstand fixiert zu sein, d.h. ohne zu warten, denn durch die Haftung des Geistes beginnt die Unfähigkeit zur Handlung. »Ein äußerer Ausdruck von aggressiver Ungeduld und Willensspannung ist das Gegenteil von *Zanshin*«. Das gelingt nur im Zustand der Leere, der Lösung von »Angst, Wut, aggressiver Absicht oder Zweifel«, ohne von einer vorüberlegten Absicht vereinnahmt zu sein, obwohl die momentane Situation dazu verleitet. Für *kumite*, die Zweikampfform im Karate-Do bedeutet dies, weder am eigenen Vorhaben noch am Gegner zu »kleben« und auch über das Ende eines Kampfes hinaus Aufmerksamkeit zu bewahren, ohne sich seinem möglichen Erfolg hinzugeben.

Gleiches gilt im Bereich des *kata* (eine Art Kür von Karatetechniken, die alleine vorgetragen wird), wenn bei einem Vortrag die »Gegner« wirklich »gesehen« und *kata* gekämpft werden soll, was nur beim vollkommenen Verstehen der einzelnen Techniken und ihrem Zusammenwirken erfolgen kann, ohne sich jedoch auf eine korrekte Ausführung zu konzentrieren. Dies fällt ohne physischen Gegnerkontakt besonders schwer, wenn im fortschreitenden Verlauf des »Kampfes« die körperlichen Kräfte nachlassen. Gerade dann soll *zanshin* bewahrt bleiben.

eine Waffe (Schwert oder Lanze, Hände und Füße) aufzuhalten, zu stoppen (Bu).

Bu-Do ist also kein Weg, um die Anwendung von Waffen zu erlernen, wie aus dem Wort »Kampfkunst« abgeleitet werden könnte, sondern es geht gerade darum, den Gebrauch zu verhindern (durch Veränderung der Wahrnehmung, Kommunikation, Taktik und Techniken).

Budo ist also ein friedlicher Weg, auf dem kognitiv, emotional und pragmatisch erlernt werden kann, wie man zu einem bewussteren Umgang mit Gewalt und der Bewältigung von Gewalt und Gewaltmissbrauch gelangt.

Sehr viele Menschen werden vor allem in ihren Berufen tagtäglich gefordert, müssen ihre Kräfte nach den Gesetzen der Ökonomie und der maximalen Wirkung einsetzen.

Sie leben im Hier-und-Jetzt, müssen schnell entscheiden und zwar mit der Überzeugung, die Situation klar erkannt zu haben. Hier ähneln Ihre Lebensumstände denen der alten Samurai.

Willens- und Konzentrationsmethoden sind es, die in vielen Arbeitsbereichen ein Defizit darstellen. Dem Abendland mit seiner Überbetonung der Ratio sind diese Techniken und Übungen des Bewusstseins zum großen Teil verloren gegangen.

Die Strategien in der Prävention möglicher traumatischer Erlebnisse erfordern es, kritischen Situationen des beruflichen Alltages mit einer zusätzlichen taktischen Handlungskompetenz zu begegnen.

Führungskräfte und Vorgesetze, die sich fürsorglich und verantwortungsvoll um ihre Mitarbeiterinnen und Mitarbeiter in Krisensituationen kümmern, gehen einen neuen Weg – auch wenn er viele hundert Jahre alt ist.

Charakteristik

Westliche und asiatische Wissenschaft können sich im Bereich der Traumaprävention sinnvoll ergänzen. Während gewisse kulturelle und historische Entwicklungen natürlich nicht zu adaptieren sind, können wir uns fragen, was in der Entwicklungspsychologie der Asiaten lehrreich sein kann.

Körper und Geist

Der asiatische Sinnspruch »Begreife mit dem Körper« ist der Versuch, über den Körper zu einer personalen Ganzheit zu gelangen. Die auf den Gesetzen der maximalen Wirkung beruhende Kampfkunst schult das Verhalten. Die körperliche Erfahrung beeinflusst die Denkweise.

Körper und Geist sollen sich in vollendeter Harmonie dem Problem stellen. »Frei sein, leer sein« von überholten oder überlagerten Denkmustern und tradierten Prinzipien.

Da der Kampf mit seinen unterschiedlichen künstlichen Problemen nur durch Ruhe und Konzentration zu gewinnen ist, stellt er eine gute Schule für die echten Probleme des Lebens dar. Die künstlichen sowie die echten Kämpfe sind jedoch nur zu gewinnen, wenn die Fähigkeit realer Selbsteinschätzung besteht. Nur richtige Selbsteinschätzung ermöglicht auch konkrete Wahrnehmung der Umwelt. Gerade hier ist der traumapräventive Schlüssel zu suchen für Angriffe auf die körperliche Unversehrtheit.

Wer jedoch sich und seine Umwelt konkret wahrnehmen will, muss in der Lage sein, sich auf das jeweils naheliegendste Problem zu konzentrieren, ohne sich ablenken zu lassen. Dies wird durch die Gedanken des Zen stark gefördert: Konzentration, Meditation und die Auseinandersetzung mit sich selbst.

Denkweisen

Galt das analytisch abendländische Denken früher als geistige Maxime, stehen wir heute häufig vor der »Ohnmacht der Vernunft«. Sind wir mit unserer Denkweise an die Grenzen unserer gesellschaftlichen und individuellen Erfahrungsmöglichkeiten gestoßen?

Emotionale Intelligenz und das Prinzip der Achtsamkeit gewinnen glücklicherweise mehr an Bedeutung. Auch hier ist der Brückenschlag zu uralten asiatischen Denk- und Handlungsmustern bereits vollzogen worden.

In unserer Kulturgeschichte sind auch wir kämpferisch determiniert. Die Art und Weise der körperlichen Auseinandersetzung (Ritterkämpfe, schwere Rüstungen und Waffen, das Aufeinanderzureiten zu Pferd) unterscheidet sich jedoch grundsätzlich von asiatischen Kampfformen.

Während der Europäer der Kraft oft nur Widerstand entgegensetzte, entwickelten sich Kampfformen in Asien nach anderen Gesetzmäßigkeiten.

Kräfte werden umgeleitet, abgeleitet in Zonen, in der sie keine Wirksamkeit mehr entwickeln können. Der Begriff *Ju* (= sanft) ist dort Bestandteil jeglicher Kampfstrategien. Die Vereinigung von Gegensätzen (hart und weich, Ying und Yang) ist Basis religiöser, philosophischer und kampfstrategischer Betrachtungsweisen des Lebens.

So ist es nur verständlich, dass abendländisch tradierte Denkmuster oft nicht genug Raum für alternativ physische und kognitive Verhaltensformen bieten.

Natur

Mit der Natur in Harmonie zu sein, ist ein tiefverwurzeltes Bedürfnis japanischer Menschen. Sie ist Lehrmeister für eine allumfassende Betrachtungsweise des Lebens.

Während die Entwicklung des Menschen im Westen mit dem Erwachsenenalter eine gewisse psychische Disposition und Stabilität erreicht hat, sind im Osten die körperlichen, kontemplativen und meditativen (mentalen) Schulungen nie abgeschlossen.

Lernen in und mit Bildern und Beispielen aus der Natur sind besonders in Japan pädagogischer Standard.

So zu sein wie Wasser

Wasser steht für Bewusstsein, weil seine Eigenschaften denen des bewussten und unbewussten Geistes sehr ähneln:

> Nicht überall wo Wasser ist, sind Frösche;
> aber wo man Frösche hört, ist Wasser.
> *Johann Wolfgang von Goethe*

- Ruhe und Aktivität
- Weichend, aber nie zurückweichend
- Hindernisse umgehend oder mitreißend
- Formen wie Quell, reißender junger Gebirgsbach, Strom, friedlicher Ozean, der sich in seiner Majestät leisten kann, friedlich zu sein ohne zu kämpfen

Sich zu verhalten wie Bambus

Was nutzt es, wenn man trotzig aufrecht steht und dann bricht; viel besser ist es seine Stärke für die Zeit nach dem Sturm zu bewahren!«

Mit Bildern wie dem Bambusbeispiel könnte es gelingen, Begriffe wie Weich/Nachgeben *(Ju)* auch in westliche strategische Denkprozesse zu implantieren.

Ableitend aus diesem Denken in Bildern und Bezügen ergeben sich strategische Abhängigkeiten in der Art und Weise, dass kommunikative und kämpferische Alltags- und Berufssituationen bewältigt werden.

Strategie und Wirkung

Strategie des Kämpfens ist zunächst einmal eine Strategie des Denkens!

- Lassen sich Widerstände wahrnehmen (z.B. beim Judo, bei dem ich in engem Körperkontakt zu meinem Gegner/Partner stehe) und ihnen effektiv begegnen?
- Welches Maß an Stärke muss ich entfalten?
- Keine überflüssigen (Denk-)Bewegungen, denn hier gilt die Formel: weniger Energieverbrauch = größere Effektivität!
- Anpassen an das Umfeld und die Gelegenheiten!
- Distanzen: kurz – mittel – lang!
- Die eigene Position sichern, sich unangreifbar machen!
- Das Prinzip des Lahmlegens, in den Gegner hineingehen, es gar nicht erst zu einem Angriff kommen lassen, denn den habe ich bereits antizipiert!

Methode

Übungen zur Aufmerksamkeit und Konzentration

Konzentration ist, Energie auf einen Punkt, eine Sache oder eine Handlung zu richten und sie dort aufrecht zu erhalten.

Wege dorthin sind:

- Gedanken und Empfindungen zur Ruhe bringen
- Körper zur Ruhe bringen (durch ruhige Bewegungen)
- Geschehen wahrnehmen, statt darin eingetaucht und verloren zu sein
- Erhöhte Selbstkontrolle = Gefühl für die eigenen Kräfte potenziert sich
- Emotionales Selbstmanagement nach dem Prinzip der Achtsamkeit

Demonstriert an einem kleinen Beispiel wird aus »Lähmende Angst nimmt mich ein«: »Es ist Angst, was ich empfinde.« Diese geringfügige Verschiebung der mentalen Aktivitäten bedeutet nicht nur auf die Option Angst einzuwirken, sondern zusätzlich die Option Angst loszuwerden.

Achtsame Menschen gehen sehr aufmerksam mit ihren Gefühlen um.

Fazit

Die Kernfrage zum vorbereitenden Umgang mit Krisensituationen ist:

Zu welchem Zeitpunkt der bedrohlichen Situation (in welcher Phase) setzen strategisch geordnete Denkprozesse ein? Die momentane emotionale Befindlichkeit tritt dann in den Hintergrund. Gefühle wie Hilflosigkeit und schutzlose Preisgabe bekommen keinen Raum.

Selbstreflektierende Situationswahrnehmung (ein beobachtendes Ich) und Biofeedback (Wahrnehmung von Körperbefindlichkeit) bilden die Plattform für ein effektives Konfliktmanagement.

> Wesentliche Lebensaufgabe: das Leben jeden Tag von neuem zu beginnen, als wäre dieser Tag der erste – und doch alle Vergangenheit, mit ihren Resultaten und unvergessenen Gewesenheiten darin zu sammeln und zur Voraussetzung zu haben.
> *Georg Simmel*

Entwicklung

Um die Mitarbeiterführung in Krisensituationen weiter zu entwickeln, ist es empfehlenswert, Fortbildungsangebote zu machen, die über das analytische Begreifen hinausgehende Körper/Geist-Erfahrungen anbieten. Über den Körper zu begreifen, kann eine Alternative sein, mit dem sich ein ›intellektuelles Völlegefühl‹ abbauen lässt und neue Denkwege aufgezeigt werden können.

> Ein kämpferischer Samurai forderte einst einen Zenmeister auf, ihm Himmel und Hölle zu erklären. Doch der Meister erwiderte verächtlich: »Du bist nichts als ein Flegel, mit deinesgleichen vergeude ich meine Zeit nicht!«
>
> In seiner Ehre getroffen, wurde der Samurai rasend vor Wut, zog sein Schwert aus der Scheide und schrie: »Für deine Frechheiten sollst du mir sterben!«
>
> »Das ist«, gab ihm der Zenmeister gelassen zurück, »die Hölle.«
>
> Verblüfft von der Erkenntnis der Wahrheit dessen, was der Priester über die Wut gesagt hatte, die sich seiner bemächtigt hatte, beruhigte sich der Samurai, steckte das Schwert in die Scheide und dankte dem Priester mit einer Verbeugung für die Einsicht.
>
> »Und das«, sagte der Zenmeister, »ist der Himmel.«
> *Zen-Legende*

Traumatherapie

> Wer hohe Türme bauen will,
> muss lange bei den Fundamenten verweilen.
> *Japanisches Sprichwort*

Mit zunehmenden wissenschaftlichen Erkenntnissen in der Psychotraumatologie sind zahlreiche Institute entstanden, die auf die Weiterbildung von Psychotherapeuten in der Behandlung psychotraumatischer Störungen spezialisiert sind. So gibt es mittlerweile ein – zwar noch beschränktes – Versorgungsnetz von ambulanten und stationären psychotraumatologischen Therapiemöglichkeiten. Im Folgenden sollen zur Orientierung nur die Grundbausteine von Traumatherapie erläutert werden.

Traumatherapie kann entweder ambulant oder stationär stattfinden. In der ambulanten Traumatherapie werden in der Regel einmal wöchentlich Therapiesitzungen durchgeführt. Bei einer kleinen Zahl von Kliniken sind mittlerweile psychotraumatologische Abteilungen oder Zentren eingegliedert worden, die neben der allgemeinen klinisch-medizinischen Versorgung auch speziell Traumatherapie anbieten. In einigen Kliniken wird die Traumatherapie eingebettet in eine komplettes Gesundheitsprogramm.

Grundsätzlich basiert die Traumatherapie auf vier Bausteinen, die wir auch den »Pyramidenbau der Traumatherapie« nennen:

1. Sicherheit
2. Stabilität
3. Konfrontation (Exposition, Durcharbeiten)
4. Integration

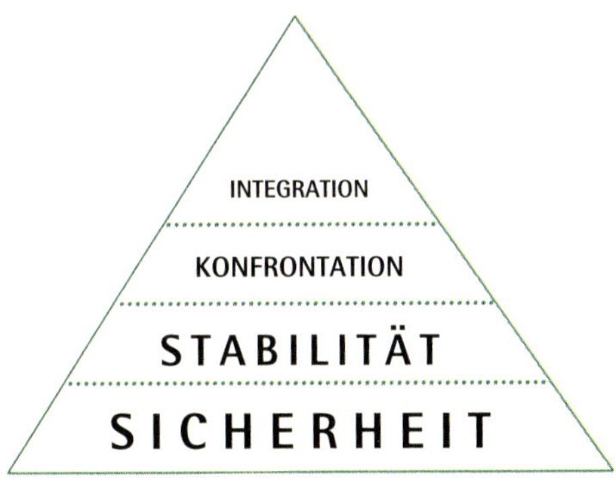

Wesentliche Grundlage für eine erfolgreiche Traumatherapie ist die Herstellung oder *Wiederherstellung der Sicherheit des Patienten.* Das bezieht sich sowohl auf die äußere und innere Sicherheit des Patienten als auch auf die interpersonelle Sicherheit in der Beziehung zwischen Therapeut und Patient.

Darauf aufbauend wird *die Stabilisierung des Patienten* verfolgt. Nur mit ausreichender Stabilisierung kann die eigentliche Bearbeitung der traumatischen Inhalte begonnen werden.

Bei der *Konfrontation* (auch Exposition, Durcharbeiten des Traumas) wird dosiert das traumatische Ereignis bzw. einzelne traumatische Inhalte bearbeitet (»durchgearbeitet«). Dabei werden mit »sanften« Techniken hochbelastende Erinnerungsfragmente bearbeitet, mit dem Ziel, eine erträgliche Erinnerung an ein schwerbelastendes Ereignis zu erhalten, die nicht mehr zu Symptomen führt.

Die Integration zielt darauf ab, dass die traumatische Erfahrung integrierter Bestandteil des Lebens wird. Traumatherapie zielt nicht auf »Vergessen des Ereignisses« ab und kann auch kein traumatisches Ereignis ungeschehen machen. Traumatherapie zielt darauf ab, dass das Ereignis erinnert werden kann, ohne dass Symptome zur Kompensation erforderlich werden und dass das Ereignis in die Persönlichkeit und im Leben des Patienten integriert wird, ohne die weitere Lebensbewältigung zu behindern.

Bei Einzelereignissen kann eine Traumatherapie erfolgreich in 10 bis 15 Stunden durchgeführt werden. Je länger das Ereignis zurückliegt, je schwerer das Ereignis ist und je mehr traumatische Erfahrungen vorliegen, desto länger dauert die Traumatherapie.

Letztendlich ist eine professionelle Traumatherapie in der Regel äußerst erfolgreich. In Anbetracht der schwerwiegenden Folgen, die ein unbehandeltes Trauma nach sich zieht, lohnt sich auch länger dauernde Mühe.

Das Leben nach dem Trauma muss nicht schlechter sein!

Weiterführende Literatur

Eine Auswahl von Lehr-, Sach- und Handbüchern:

BUTOLLO, W./KRÜSMANN, M./HAGL, M.: Leben nach dem Trauma. München: Pfeiffer 1998

CANACAKIS, J.: Auf der Suche nach den Regenbogentränen. München: Bertelsmann 1994

GARDNER, H.: Abschied vom IQ. Stuttgart: Klett-Cotta 1999

GAWEIN, S.: Stell dir vor. Kreativ visualisieren. Reinbek: Rowohlt 1986

GSCHWENDT, G.: Notfallpsychologie und Trauma-Akuttherapie. Bern u.a.: Huber 2002

HANH, T.N.: Schritte der Achtsamkeit. Freiburg i. Br.: Herder 1998

HAUSMANN, C.: Handbuch Notfallpsychologie und Traumabewältigung. Wien: Facultas 2003

HERRMANN, J.: Die Narben der Gewalt. München: Kindler 1993

HIRSCH, E.: Der Witzableiter. München: dtv 1993

KELDER, P.: Die fünf Tibeter. München: Droemer Knaur 1989

KLEIN, S.: Die Glücksformel. Reinbek: Rowohlt 2002

LANGENMAYR, A.: Trauerbegleitung: Beratung, Therapie, Fortbildung. Göttingen: Vandenhoeck & Ruprecht 1999

LASOGGA, F./GASCH, B.: Notfallpsychologie. Edewecht: Stumpf und Kossendey , 1997

LEVINE, P.A.: Trauma-Heilung. Das Erwachen des Tigers. Essen: Synthesis 1998

LÜDKE, C.: Zur Kritik von Erklärungsansätzen für Selbsttötungshandlungen. Lünen: Wuth 1992

LÜDKE, C.: Wo ist das Paradies: Gedichte. Herdecke: Scheffler 1997

LYNCH, D./KORDIS, P.: DelphinStrategien. Langenbieber: Heinrich 1998

MAERCKER, A. (Hg.): Therapie der posttraumatischen Belastungsstörung. 2., überarb. u. erg. Aufl. Berlin u.a.: Springer 2003

Nestmann, F.: Beratung als Ressourcenförderung. Weinheim: Juventa 2002

Peseschkian, N.,: Steter Tropfen höhlt den Stein. München: Pattloch 2000

Peseschkian, N.: Psychosomatik und Positive Psychotherapie. Frankfurt a. M.: Fischer 2002

Reddemann, L.: Imagination als heilsame Kraft. Stuttgart: Pfeiffer bei Klett-Cotta 2002

Riemann, F.: Grundformen der Angst. München Reinhardt 2002

Sachsse, U./Özkan, I./Streeck-Fischer, A. (Hg.): Traumatherapie – Was ist erfolgreich? Göttingen: Vandenhoeck & Ruprecht 2002

Trenkle, B.: Das Ha-Handbuch der Psychotherapie. Witze ganz im Ernst. Heidelberg: Auer 1995

Wittchen, H.-U. u.a.: Hexal-Ratgeber Angst. Basel u.a.: Karger 1995

Wacker, W./Taylor, J.: Kursbuch für Visionäre. Landsberg: Moderne Industrie 2001

Adressenliste

Eine Auswahl von Kontaktadressen

HumanProtect Consulting GmbH
Überfall- und Unfallhilfe.
Psychologische Akutintervention nach belastenden Ereignissen.
Kaiser-Wilhelm-Ring 27-29
50672 Köln
fon: 0221-56 94 -207 -210
fax: 0221-56 94 -200
e-mail: kontakt@humanprotect.de
http://www.humanprotect.de

Weißer Ring
Gemeinnütziger Verein zur Unterstützung von Kriminalitätsopfern und zur Verhütung von Straftaten e.V.
Bundesgeschäftsstelle
Weberstraße 16
55130 Mainz
fon: 06131-8303 -0
fax: 06131-8303 -45
e-mail: info@weisser-ring.de
http://www.weisser-ring.de

WKA-Klinik Diez
Fachklinik für Mutter, Vater und Kind
Fachklinik für Psychotraumatologie
Felkestraße 37
65582 Diez / Lahn
fon: 06432-936 -0
e-mail: info@wka-klinik-diez.de
http://www.wka-klinik-diez.de

Polizeisportverein PSV Essen
Peter Trapski
Selbstverteidigung für Kinder, Frauen, Senioren; Selbstbehauptung, Selbstsicherheit Meditations- und Entspannungstechniken
Informationen, Rat, Hilfe und Auskunft bei der Suche nach seriösen und professionellen Angeboten, bundesweit
Polizeisportverein Essen 1922 e.V. Abteilung Karate
Eichenstr. 58a
45133 Essen
Geschäftsstelle
fon: 0201-582090
fax: 0201-588682
e-mail: e-mail: webmaster@shotoryu.de
http://www.karatedo-psv.de

Urbanus-Apotheke
Andreas Grote
Gesundheitsthemen, gesunde Ernährung, Wohlbefinden, Arzneimittelinformationen
Roßbachstraße 10
44369 Dortmund
fon: 0231-391080
fax: 0231-313010
e-mail: info@urbanus-apo.de
http://www.urbanus-apo.de

Rechtsanwalt Christian Dieckmann
Rechtliche Beratung zu Gewalt-, Kriminalitäts- und Unfallfolgen
Spormeckerplatz 1b
44532 Lünen
fon: 02306-20330-0
e-mail: ragoetsch@web.de
http://www.kanzlei-spormeckerplatz.de

Friedrich P. Kötter
Dienstleistungsunternehmen: Security, Cleaning, Personalservice
KÖTTER Unternehmensgruppe
Wilhelm-Beckmann-Str. 7
45307 Essen
Tel. 0201/ 27 88 - 00
Fax: 0201/ 27 88 -444
info@koetter.de
www.koetter.de

Internet-Anschriften mit wichtigen Informationen zur Psychotraumatologie:

Deutschsprachige Gesellschaft für Psychotraumatologie (DeGPT)
Wissenschaftliche Fachgesellschaft; Aus-, Fort- und Weiterbildung; Forum.
www.degpt.de

www.psychotraumatologie.com

Die Autoren

Christian Lüdke, Jg. 1960; Dr phil.; arbeitet als Geschäftsführer der HumanProtect Consulting GmbH. Er ist verheiratet und Vater von zwei Töchtern; approbierter Kinder- und Jugendlichentherapeut; grad. Supervisor (DGSv) und Mitglied im Fachbeirat Medizin/Psychologie beim Weißen Ring; langjährige Arbeit als Kriminal- und Polizeipsychologe bei den Spezialeinheiten der Polizei des Landes NRW. Sein Spezialgebiet ist die psychologische Akutintervention nach belastenden Ereignissen im Bereich der Überfall- und Unfallhilfe. Er betreute mehr als 1000 Betroffene in über 300 Einsätzen nach Fällen schwerster Gewaltkriminalität (Banküberfälle, Geiselnahmen, Amokläufe und Terroranschläge) und war mit dem psychologischen Krisenmanagement im Auftrag der Deutschen Bank nach den Terroranschlägen in New York vom 11. September 2001 beschäftigt.
Ausgedehnte wissenschaftliche und praktische Tätigkeiten am Lehrstuhl für Klinische Psychologie und Psychotherapie der Universität zu Köln.
Autor psychologischer Fachartikel und mehr als 250 Expertenbeiträge (Reportagen, O-Töne und Studiogast) für alle öffentlich-rechtlichen und privaten Fernsehsender.
http://www.ChristianLuedke.de

Karin Clemens, Jg.1965; Diplom-Psychologin (Klinische Psychologie und Rechtspsychologie) mit Heilpraktikerzulassung für Psychotherapie. Sie arbeitet als stellvertretende Geschäftsführerin der HumanProtect Consulting GmbH in Köln, ist verheiratet und Mutter eines Sohnes und einer Tochter.
Sie besitzt langjährige Erfahrungen im Bereich der Überfall- und Unfallhilfe und der psychologischen Akutintervention nach belastenden Ereignissen, wobei sie in weit über 300 Einsätzen mit mehr als 1000 Betroffenen arbeitete: nach Banküberfällen, Geiselnahmen, Terrorattacken und Amokläufen. Zusammen mit dem Co-Autor war sie mit dem psychologischen Krisenmanagement im Auftrag der Deutschen Bank nach den Terroranschlägen in New York vom 11. September 2001 beschäftigt.
Tätig war sie im wissenschaftlichen und praktischen Bereich am Institut für Therapieforschung (IFT) in München, am Institut des Rettungsdienstes des Deutschen Roten Kreuz (IfRD) in Bonn sowie der Universität zu Köln (Lehrstuhl für Klinische Psychologie und Psychotherapie) in der Beratungsstelle für Gewalt-, Kriminalitäts- und Unfallopfer (Traumaambulanz).
Sie ist Autorin zahlreicher wissenschaftlicher und psychologischer Fachartikel und Veröffentlichungen.
http://www.KarinClemens.de